LE
LIT

LE LIT

Alecia Beldegreen

Photographies de
Thibault Jeanson
Lilo Raymond

Traduction de Claire Fournier

Flammarion

Page 1 : *derrière un lit dessiné par Philippe Starck pour l'hôtel Paramount d'Ian Schrager, une reproduction de La Dentellière de Vermeer dans un cadre doré sert de tête de lit dans les chambres pour une personne. Ainsi, les clients ne dorment jamais seuls.* Page 2 : *la chambre de la styliste Jessica McClintock se trouve à Pacific Heights, en Californie. Les murs et les fenêtres sont drapés de taffetas de soie à gros bouillons.* Page 3 : *détail du lit photographié page 112.* Pages 4 et 5 : *ce lit somptueux appartient à Susan et Tony Victoria et peut accueillir une famille entière. Les murs de la chambre sont tendus de chintz et la tête du lit est tapissée de tissu ancien brodé. Sur le lit, des couvre-lits d'antan et d'aujourd'hui, des serviettes et des sets de table en lin transformés en taies d'oreiller originales. Les petites vitrines des années 30, réalisées avec du papier peint et des tissus anciens, représentent de charmantes scènes de boutiques de modistes.* Page suivante : *détail du lit photographié pages 100 et 101.* Page 10 : *lit miniature fabriqué au XVIIIe siècle par Étienne Nauroy, à l'origine destiné à un chat. Il fait maintenant partie de la collection du musée du château Vendeuvre dans le Calvados, qui contient trois cents modèles réduits de meubles.*

Titre de l'ouvrage original : The Bed
Publié par Stewart, Tabori and Chang
© 1991 Alecia Beldegreen pour le texte
© 1991 Thibault Jeanson pour les photos
© 1992 Flammarion pour l'édition française
ISBN : 2-08-201928-4
Numéro d'édition : 0486
Dépôt légal : septembre 1992
Adaptation : X-Act
Imprimé par Toppan au Japon

*À mes parents, Joane et Robert,
qui m'ont donné leur amour,
une enfance si douce et
m'ont encouragée à réaliser tous mes rêves*

SOMMAIRE

Mythes et légendes 12

Les lits 38

Berceaux et lits d'enfants 42

Lits provisoires 72

Amours et passions 96

Chez des amis ou à l'hôtel 128

En convalescence 154

Lits insolites 170

La literie 192

Draps, couvertures et édredons 216

Répertoire 244

Remerciements 252

Index 254

« Le lit, mon ami, c'est toute notre vie. C'est là qu'on naît, c'est là qu'on aime, c'est là qu'on meurt.
Si j'avais la plume de M. de Crébillon, j'écrirais l'histoire d'un lit. Et que d'aventures émouvantes, terribles, aussi que d'aventures gracieuses, aussi que d'autres attendrissantes ! Que d'enseignements n'en pourrait-on pas tirer, et de moralités pour tout le monde ? […]

Voici une jeune femme étendue. De temps en temps elle pousse un soupir, puis elle gémit ; et les vieux parents l'entourent ; et voilà que d'elle sort un petit être miaulant comme un chat, et crispé, tout ridé. C'est un homme qui commence. […]

Puis voici que pour la première fois deux amants se trouvent chair à chair dans ce tabernacle de la vie. Ils tremblent, mais transportés d'allégresse, ils se sentent délicieusement l'un près de l'autre ; et, peu à peu, leurs bouches s'approchent. Ce baiser divin les confond, ce baiser, porte du ciel terrestre, ce baiser qui chante les délices humaines, qui les promet toutes, les annonce et les devance. Et leur lit s'émeut comme une mer soulevée, ploie et murmure, semble lui-même animé, joyeux car sur lui le délirant mystère d'amour s'accomplit. […]

Et songez à la mort, mon ami, à tous ceux qui ont exhalé vers Dieu leur dernier souffle en ce lit. Car il est aussi le tombeau des espérances finies, la porte qui ferme tout après avoir été celle qui ouvre le monde. Que de cris, que d'angoisses, de souffrances, de désespoirs épouvantables, de gémissements d'agonie, de bras tendus vers les choses passées, d'appels aux bonheurs terminés à jamais ; que de convulsions, de râles, de grimaces, de bouches tordues, d'yeux retournés, dans ce lit, où je vous écris, depuis trois siècles qu'il prête aux hommes son abri !

Le lit, songez-y, c'est le symbole de la vie. […] Le lit, c'est l'homme. »

Extraits du *Lit* de Guy de Maupassant

MYTHES ET LÉGENDES

L e lit est un lieu empli de mystères, auquel nous confions nos secrets. C'est dans le lit que nous entrons dans le monde. Au fil de notre existence, notre relation avec lui s'approfondit et se transforme. C'est dans le lit que nous éprouvons la solitude de l'enfance, que nous nous abandonnons avec passion aux rêves de jeunesse et atteignons l'âge mûr; dans la réalité confortable de l'amour et du mariage. Refuge du plaisir et du bonheur autant que de la maladie et de la souffrance, le lit nous accompagne toute notre vie jusqu'à ce qu'il devienne, au moment de mourir, la métaphore du dernier rite de passage.

Le lit reflète nos mœurs et nos valeurs. Il sert aussi à exprimer les rituels et croyances les plus ancrés. Toutes les civilisations sont imprégnées de coutumes, de superstitions et d'un certain folklore autour du lit ; depuis Morphée, le sommeil ne cesse de nourrir l'imaginaire.

Dans les contes de fées comme dans la vie, le lit est un refuge où l'on trouve de la consolation. La Belle au Bois dormant et Blanche-Neige, victimes de sorts maléfiques, sommeillent néanmoins paisiblement en attendant le baiser de leur prince charmant. Boucle d'Or, qui s'est égarée dans la forêt, trouve le réconfort dans un lit

Page 12 : *au château de Compiègne, la mousseline brodée d'or drapée au-dessus du lit de l'impératrice est retenue par les mains d'un angelot doré.*

Page 13 : *ce lit en noyer de la fin du XVIe siècle comporte d'abondantes sculptures de coquillages, feuilles et figurines amusantes. Le lit, de Gabrielle LaRoche de Paris, possède également un baldaquin et des moulures sculptées en noyer.*

Pages 14 et 15 : *la lune et les étoiles d'un ciel d'hiver dans le sud du Nevada.*

Page 16 : *cette chambre du château de La Malmaison fut autrefois occupée par Joséphine Bonaparte. Le lit, orné de cygnes et de cornes d'abondance sculptées par Jacob Desmalter, est celui dans lequel elle mourut.*

Page 17 : *dans La Mort de Sardanapale, d'Eugène Delacroix, le roi hédoniste assyrien observe de son lit ses biens et ses concubines que l'on rassemble en préparation de son bûcher funéraire.*

À droite : La Princesse et le petit pois, *célèbre conte de fées de Hans Christian Andersen, raconte l'histoire d'une princesse perdue qui prouve qu'elle est bien de sang royal en déclarant au matin qu'elle n'a pu fermer l'œil de la nuit parce qu'un petit pois avait été glissé sous les nombreuses épaisseurs de matelas et d'édredons. Cette illustration est d'Edmund Dulac.*

Ci-contre : *le dais et les rideaux entourant le lit de l'impératrice au château de Compiègne furent exécutés d'après le style d'origine. Les rideaux extérieurs, retenus par des angelots dorés, sont en mousseline de soie épaisse. Les rideaux intérieurs et le couvre-lit sont en chiffon de soie brodé de fils d'or.*

étranger qui semble fait pour elle. Une princesse ne peut fermer l'œil de la nuit en dépit de vingt matelas et vingt édredons de plume, en raison de la présence fâcheuse d'un petit pois.

Le lit peut se réduire à la robe de chambre dans laquelle une mère enveloppe son nourrisson endormi, ou à la couverture et la selle d'un cowboy installées près d'un feu sous les étoiles. C'est vers le lit que court l'enfant effrayé, cherchant les bras rassurants de sa mère sous le fracas d'un orage vespéral. Il a été le bureau de l'écrivain, l'atelier du peintre, le siège de débats philosophiques. Aucun meurtre n'est plus odieux que celui commis dans un lit, et aucune cour plus douce que celle qui trouve son dénouement dans le secret des draps.

Le lit est aussi la scène où prennent place les rêves, la plus troublante des activités humaines. Pour Joseph Campbell, spécialiste de la mythologie, tous les peuples, quel que soit leur contexte histo-

rique, font les mêmes rêves nourris des mêmes mythologies. Dans certaines civilisations, c'est l'homme lui-même qui est à l'origine de ses rêves ; dans d'autres, le rêve est considéré comme une «visite». Pourtant, sans exception, il est toujours perçu comme la voie de l'illumination. En Égypte, dans l'Antiquité, le mot «rêve» signifiait le réveil.

Toujours dans l'Égypte ancienne, les lits des pharaons étaient richement sculptés de motifs symboliques représentant des animaux, des fleurs et des fruits. Ces lits en bois étaient ornés d'incrustations d'or, d'ivoire et de nacre. Ils comportaient des appuie-tête, en bois ou en ivoire sculpté, destinés à soutenir les lourdes coiffes des pharaons, et des tabourets pour relever leurs pieds. Ces lits étaient conçus pour durer, au sens propre du terme, l'éternité. Au XIVe siècle avant J.-C., Toutânkhamon emporta cinq de ces lits dans sa tombe pour l'accompagner dans l'autre vie. Les Égyptiens de condition modeste, en revanche, dormaient le plus souvent dehors, sur l'endroit le plus élevé des environs ou blottis sous des filets de pêche pour se protéger des insectes.

Les mythologies perse et assyrienne accordaient la plus grande importance aux animaux qui symbolisaient la force. Les lits des monarques étaient par conséquent fréquemment décorés de taureaux, béliers, lions et grands serpents, incrustés de pierres précieuses et posés sur de luxueux tapis empilés pour plus de confort. En revanche, les nomades de ces civilisations dormaient sur des peaux de chèvres remplies d'eau (qui furent en fait les premiers matelas d'eau) pour s'isoler de la terre froide.

Les Perses furent les premiers à employer des serviteurs spécialement chargés de faire leurs somptueux lits et d'en agencer les accessoires. À leurs yeux, en effet, le lit était plus beau si les couvre-lits tissés et les couvertures bordées de fourrure étaient disposés convenablement. Voici un exemple de ce qui est probablement la première leçon de protocole dont on ait la trace au sujet du lit : le dirigeant grec Timagoras reçut en cadeau du souverain perse Artaxerxès un lit et des couvre-lits superbes, ainsi qu'un domestique qui avait pour tâche d'en enseigner l'usage à Timagoras.

Les lits de la Grèce antique étaient semblables à ceux de l'Égypte ancienne : ils ressemblaient à un divan et pouvaient être transportés facilement. Ils étaient en bois, incrustés d'or, d'argent, d'ivoire ou d'écaille. Les matelas, couvertures, molletons, tapis et peaux de bêtes étaient empilés sur des lanières de cuir entrecroisées. Les draps étaient rares mais les couvre-lits étaient ouvragés et richement brodés, de même que les oreillers, que l'on plaçait à la tête et au pied du lit.

Les Grecs prenaient part à de gigantesques banquets dans leur lit qui servait autant au plaisir du repas qu'à celui du sommeil. Ils faisaient en général quatre repas par jour et, contrairement à notre coutume du petit déjeuner au lit, prenaient le premier repas de la journée debout ou assis et les trois suivants allongés.

Dans la civilisation romaine, le lit était considéré comme symbole de grande richesse. Inspiré du lit grec, il comportait comme éléments nouveaux des pieds tournés, une tête et un pied de lit. Le dossier apportait le confort nécessaire pour les nuits de ripailles et autres plaisirs. Matelas et couvertures étaient en soie richement brodée. Certains Romains dormaient dans un lit à deux compartiments : ils se faisaient d'abord bercer dans un lit empli d'eau, puis une fois endormis, leurs domestiques les transportaient sur un matelas. L'empereur Néron avait orné son lit de pierres précieuses censées posséder des pouvoirs magiques.

Cet usage du lit, raffiné et extravagant, qui existait dans les civilisations anciennes, prit fin avec la chute de l'Empire romain. Par la suite, on considéra qu'un sac de toile, de la paille et un endroit où dormir constituaient les éléments suffisants pour passer la nuit. L'expression «faire son lit» remonte à l'époque des Saxons, où hommes et femmes remplissaient de foin des sacs en toile et passaient la nuit les uns contre les autres dans de grandes salles. Le confort et la chaleur importaient plus que l'intimité, et même les familles les plus riches se pelotonnaient près d'un feu.

Au Moyen Âge, période de grande vulnérabilité et d'insécurité, les lits étaient conçus de manière à ce que l'on dorme assis, avec des coussins pour surélever la tête. Les torches éclairaient la chambre, les épées restaient à portée de main et derrière la porte étaient placées des sentinelles. Le dormeur était toujours sur ses gardes, prêt à se défendre. À cette époque les rois étaient nomades ; avec leur famille, ils se déplaçaient souvent, établissant leurs royaumes en des terres plus fertiles. Les garnitures des lits étaient roulées dans des coffres jusqu'à la prochaine résidence royale et les abords du lit mis à nouveau sous surveillance.

À partir du XIVe siècle, les dais et baldaquins revêtirent une grande importance. Les étoffes drapées et brodées fixées au plafond dans les coins des pièces, là où les courants d'air étaient moindres, garantissaient un peu de chaleur et d'intimité. La condition sociale de l'occupant était signifiée par la longueur du dais : les dais de la dimension du lit étaient réservés aux dignitaires de haut rang alors que les dais de dimension inférieure étaient destinés à la petite noblesse. Avec le temps, les lits furent plus complexes et ouvragés,

Double page suivante : *dans la campagne suédoise, les lits étaient souvent construits dans l'épaisseur des murs. Ceux-ci, que l'on peut voir dans une maison du parc de Skansen à Stockholm, se trouvaient à l'origine dans une ferme du Halsingland. Les draps de lin, joliment ornés de motifs et de symboles de la région et empilés sur les lits, étaient brodés par les femmes de la maison. La coutume voulait que la hauteur du lit soit proportionnelle à la prospérité de la ferme.*

Pages 24 et 25 : *cette pièce de Castel Gardena, dans les Alpes tyroliennes, a été réaménagée en chambre gothique du XVIe siècle. Le simple lit montagnard contraste avec le poêle en majolique et le coffre peint.*

Ci-dessus : *au château de Leeds, dans le Kent en Angleterre, se trouve le lit de parade de Catherine de Valois, épouse du roi Henry V. Encadré de chêne et garni d'un dais de la même dimension, le lit est installé sur une petite estrade. Le damassé de soie comporte dans son tissage des motifs symboliques : la couronne avec les initiales représente le mariage de Catherine et d'Henry, et le nœud entre ces initiales leur espoir de relations paisibles entre l'Angleterre et la France. Le dessus-de-lit en damassé recouvre des paillasses surmontées d'un lit de plumes, des draps blancs fins, des couvertures, un traversin et des oreillers.*

Ci-contre : *ce lit, qui se trouve également dans la chambre de Catherine de Valois, comporte un dais courant au XVe siècle. Il attirait le regard de l'assemblée vers le point le plus élevé de la pièce, ce qui mettait en valeur l'importance de la personne qui reposait dessous.*

et les étoffes plus extravagantes. Les lits devinrent des objets d'une telle valeur qu'ils firent désormais partie du mobilier familial et furent souvent mentionnés dans les testaments.

À l'autre extrémité de l'échelle sociale, les lits étaient tout à fait différents. Au Moyen Âge, on cuisinait, on mangeait, on recevait et on dormait dans la même pièce. Les intérieurs étaient dépouillés, avec peu de meubles. Les coffres servaient de rangement, de siège et, la nuit venue, de lit. Les étoffes et tissus rangés à l'intérieur formaient le soir un matelas confortable. Le sommeil était une activité communautaire. Il n'était pas rare qu'une famille et ses proches (soit jusqu'à vingt-cinq personnes) eussent à partager une ou deux pièces. Les lits accueillaient plusieurs personnes, ce qui explique qu'à cette époque ils étaient souvent très grands.

L'Histoire abonde en récits sur d'étranges compagnons de lit. Au XVe siècle, une invitation à partager un lit était considérée comme une marque d'estime politique ou le signe de l'arrêt des combats. Le duc d'Orléans se réconcilia avec Charles VIII en partageant sa couche. En 1569, le prince de Condé et le duc de Guise couchèrent dans le même lit, vainqueur et prisonnier réunis, pendant la nuit de

la bataille de Moncontour. Ainsi qu'en témoigne l'histoire de la chrétienté, les saints et les martyrs, dans leur perpétuelle quête de chasteté, se couchaient auprès de jeunes femmes dans le but de se mortifier.

C'est en tant que symbole des plaisirs que le légendaire lit de Ware fut immortalisé par Shakespeare dans *La Nuit des rois*. Ce lit, qui se trouvait dans l'auberge du Cerf à Ware, en Angleterre, mesurait à l'origine plus de cinq mètres cinquante de large et trois mètres soixante de long ; il comprenait en outre un grand lit gigogne que l'on pouvait tirer. Réputé pouvoir accueillir entre douze et vingt personnes, il était fréquemment le théâtre d'orgies. On sait que des marchands des XVIe et XVIIe siècles partaient en voyages d'affaires, laissant leur femme à la maison, dans l'idée de goûter aux plaisirs de cette couche célèbre.

Le lit prit une importance croissante, particulièrement à partir de la Renaissance et jusqu'à la Révolution. La civilisation européenne était à son apogée ; la France, carrefour de la culture occidentale, pouvait s'enorgueillir de nombreux lits parmi les plus somptueux. Louis XIV, comme ses successeurs qui s'offrirent des lits extravagants, possédait plus de quatre cents lits, pour la plupart ornés de chevets et de garnitures très ouvragés. Il aimait rester au lit et tenait souvent audience dans sa chambre, où il délivrait ses ordonnances dans une position de repos. Les princes du royaume étaient assis à son côté, les officiers d'État se tenaient debout et les officiels de rang moins élevé respectueusement agenouillés.

Les documents anciens abondent en descriptions des multiples sortes de lits qui, en France, étaient en usage pour les diverses activités de la vie. On peut en citer quelques exemples : le lit dans une alcôve ; le lit d'ange et le lit à duchesse (lits «de bout» dont les dais sont de largeur égale à celle du lit, avec des tentures latérales retenues par des embrasses) ; le lit en ottomane, qui ressemble au canapé moderne, avec deux chevets et un dossier ; le lit en pavillon (à dais suspendu au plafond) ; le lit clos (fermé par des battants et que l'on trouve encore en Bretagne) ; le lit à colonnes (lit à dais comportant quatre montants verticaux) ; le lit à la polonaise (dont le dais était accroché à une structure métallique dissimulée par des draperies) ; le lit en tombeau ; le lit de glace (qui possédait des miroirs sur les côtés ou au-dessus) ; et même le lit de justice, où le roi se tenait pour délivrer des édits lors d'une séance solennelle du Parlement.

Les femmes utilisèrent rapidement le lit comme un moyen de signifier leur situation et leur importance sociale ; elles surent

Ces trois perruques sur un lit rappellent qu'il était fréquent que les gens dorment ensemble à une époque où les lits étaient peu nombreux. Ce lit se trouve au château de Jussy, qui appartient à la famille Damecourt, en Champagne.

Double page suivante : la chambre de l'empereur, au château de Compiègne, date de 1811. Elle est de style premier Empire et le mobilier est de Jacob-Desmalter.

exprimer grâce à lui leur goût pour les choses raffinées et exquises. Dès le XIVᵉ siècle, les femmes de la noblesse aimaient dormir dans des draps de satin noir qui mettaient en valeur la blancheur si prisée de leur peau. Elles mettaient leurs enfants au monde sur des lits de travail, bien nommés ; peu de temps après l'accouchement, la mère et l'enfant étaient transférés sur un lit de parade pour recevoir famille, amis et serviteurs. Il était coutumier de baptiser les nouveau-nés sur des lits de parade décorés. Les courtisanes se reposaient sur de somptueux lits de cérémonie, où elles recevaient leurs visiteurs.

Ci-dessus : *dans la chambre de Napoléon à Malmaison, le lit, de style premier Empire, porte l'estampille de Jacob-Desmalter. Le tissu jaune orné de motifs noirs est une reproduction.*

Ci-contre : *la décoration de la chambre du roi de Rome au château de Compiègne date en grande partie du XVIIIᵉ siècle. Cette pièce fut restaurée à partir de dessins des tissus d'époque. Le mobilier est de Marcion.*

À droite, en haut : *le lit de l'ambassadeur de Venise à Knole, dans le Kent en Angleterre, fut réalisé pour James II en 1687 ou 1688. Richement sculpté et doré, avec des tentures en velours de Gênes bleu-vert, c'est l'un des lits les plus somptueux du château. Le mobilier doré comprend l'une des plus remarquables collections de meubles de style Stuart.*

À droite, en bas : *ce type de coffre servait au Moyen Âge à transporter les tentures et les dessus-de-lit.*

Ci-contre : *au pied du lit de l'ambassadeur, ces deux tabourets dorés font partie de la collection de mobilier d'époque Stuart de Knole.*

Le règne du lit prit fin avec la Révolution. Il devint un élément de mobilier plus intime et fonctionnel. Les lits anglais du XVIIIe siècle, par exemple, étaient plus petits et de forme moins architecturale qu'auparavant. L'acajou remplaça le chêne et fut très utilisé par certains stylistes de meubles tels que Chippendale, Sheraton et Heppelwhite. Sheraton créa les lits jumeaux à la fin du XVIIIe siècle pour permettre aux couples de dormir au frais pendant les mois d'été. Il conçut également un petit lit de forme ovale. Ce lit élégant était bien loin du grand lit de Ware et annonçait le lit à une personne des temps modernes.

À la fin du XVIIIe siècle apparurent également les lits en fonte et les matelas de coton. Ces éléments rendirent le lit moins attirant pour les punaises, nuisance jusqu'alors inévitable. L'expression populaire anglo-saxonne «aller donner à manger aux punaises», qui signifiait aller se coucher, était fondée sur une réalité.

Les formes des lits du XIXe siècle étaient souvent copiées sur celles des époques antérieures. Il manque à notre lit contemporain, composé pour l'essentiel d'un matelas et d'un sommier métallique sans chevet ni pied, les impressionnants éléments architecturaux de certains lits d'autrefois. Il prit une signification politique lorsque John Lennon et Yoko Ono firent leur «sit-in» de protestation au lit. On sait que Winston Churchill travaillait alité pendant la Deuxième Guerre mondiale et que Matisse, âgé, dessinait sur les murs qui entouraient son lit avec des morceaux de fusain fixés à une canne. Groucho Marx a déclaré : «Tout ce que l'on ne peut pas faire au lit ne vaut pas la peine d'être fait.»

L'une des traditions les plus intéressantes ayant trait au lit est peut-être celle qui vient de certaines régions de Bavière. Lorsque l'enfant naît, on l'installe sur un morceau de bois qui sera le fond du berceau, avant de devenir plus tard un élément de son lit. À sa mort, il devient la croix qui marque sa tombe.

Au manoir de Skogaholm, dans le parc de Skansen à Stockholm, cette chambre est un parfait exemple de décoration baroque. La maison aurait été construite dans les années 1680, et certains murs sont tapissés de tissu «hollandais» du début du XVIIIe siècle. Le grand lit à tentures et l'horloge simple font partie du mobilier d'origine.

LES LITS

BERCEAUX ET LITS D'ENFANTS

Le berceau symbolise le commencement d'une nouvelle vie. Il témoigne de la consommation de l'amour et du mariage et annonce que le cercle de famille s'agrandit. C'est peut-être le plus célébré de tous les lits. Il apporte confort et chaleur au nouveau-né et lui permet de traverser en sûreté la période de sa vie où il est le plus vulnérable. Dès le moment de sa conception, le bébé repose au calme, protégé dans le ventre de sa mère, et le berceau reproduit cette première sensation de bercement et de douceur des mouvements.

Les premiers berceaux, très primitifs, étaient des troncs creusés. Le bois était choisi pour son odeur agréable (très prenante pour le nourrisson) et pour la légende qu'il représentait. Le bouleau, l'arbre du commencement, donnait de beaux lits et, pensait-on, éloignait les mauvais esprits alors que le sureau était considéré comme dangereux car il attirait de méchantes fées qui pinçaient les bébés. Ces berceaux primitifs évoluèrent et furent ensuite fixés sur des bascules basses qui permettaient de balancer doucement l'enfant.

Les tribus primitives de Nouvelle-Guinée fabriquent encore des berceaux avec du tissu tordu que les adultes portent en bandoulière

Page 38 : *à la Nouvelle-Orléans, ce lit de repos dessiné par Mario Villa a été installé au milieu de la verdure, sur le porche d'une maison de style néo-classique. C'est un endroit idéal pour lire ou faire la sieste pendant les après-midi paisibles.*

Page 39 : *ce lit en pin à chevets découpés appartient à Raymond Waites. En raison de la taille inhabituelle du lit, il a fait réaliser sur mesure un matelas en mousse et plumes, à la fois ferme et confortable.*

Pages 40 et 41 : *de la chambre abondamment drapée de taffetas de soie de la styliste Jessica McClintock, se dégage une merveilleuse impression d'espace. Au pied de chacun des lits, elle a placé un tabouret pliant en fer du XVIIIe siècle.*

Page 42 : *la chambre d'enfants du manoir de Skogaholm dans le parc de Skansen à Stockholm, est meublée d'éléments caractéristiques du XVIIIe siècle. Le lit à rideaux, sur la gauche, vient de Hage. Le petit lit, le lit de poupée et le cheval à bascule viennent de Gronso, dans le Upland.*

Page 43 : *le biberon, le hochet ancien en argent et les épingles de nourrice ont été posés sur une pile de lingeries douces et immaculées.*

Ci-dessus : *par des touches délicates, le peintre impressionniste Berthe Morisot a su rendre l'état d'esprit d'une femme admirant son enfant dans* Le Berceau, *en 1873.*

Ci-contre : *Keith Haring créa ce lit d'enfant en témoignage de son affection pour son ami Juan. Ce meuble avait beaucoup d'importance pour Keith Haring, qui adorait les enfants et en était toujours entouré. Il l'intitula «Crib» et le présenta pour la première fois en 1981 lors d'une exposition à Hal Bromm. Il symbolise l'espoir et un nouveau départ.*

Double page suivante : *un jouet peint à la main et de petits chaussons tricotés ajoutent un peu de fantaisie aux couvertures de bébé de Pratesi.*

ou tissent des paniers grossiers, très semblables à celui qui emporta Moïse le long du Nil. Pour certaines tribus d'Amérique du Sud, le corps humain constitue le premier lit, et les mères portent leur nourrisson contre la peau pendant les neuf premiers mois.

Dans d'autres civilisations, par exemple la Grèce antique, on «enveloppait» les nouveau-nés dans des bandelettes de tissu pour limiter leurs mouvements dans le berceau. Ces «langes» maintenaient rigides le corps et la tête des bébés. Pour plus de sûreté, on passait l'extrémité des bandes de tissu ou des rubans ornés de pierreries qui entouraient l'enfant à travers des trous pratiqués dans le berceau et on les attachait au cadre. Cette coutume se perpétua jusqu'à la fin du siècle dernier. C'était une pratique dangereuse, comme en témoigne l'histoire de saint Ambroise. Il reposait tranquillement dans ses langes lorsqu'il fut attaqué par des abeilles. Le pauvre enfant, totalement impuissant, ne dut son salut qu'à la

Ci-dessus : *Mulford House, ferme d'Easthampton qui date de 1680, a été restaurée telle qu'elle était en 1774. Cette chambre, attenante à la cuisine, devait être la plus chaude de la maison. Elle était partagée par le doyen et le benjamin de la famille.*

À droite : *ce berceau en bois savoyard est décoré de sculptures simples.*

Ci-contre : *parmi la vaisselle d'une cuisine bourguignonne se trouve un panier ancien transformé en berceau. Le matelas est décoré d'un couvre-lit en coton blanc et recouvert d'une couverture de laine réalisée au crochet.*

Double page suivante : *cette chambre de Lismacloskey House, dans le Ulster Folk and Transport Museum, est meublée de deux lits victoriens en acajou qui datent de la fin du siècle dernier. Lorsqu'ils étaient tirés, les longs rideaux du lit d'ange protégeaient des courants d'air et apportaient un peu d'intimité. Le berceau en chêne est irlandais et date de la fin du XVIIe siècle.*

sagesse des abeilles qui, dit-on, surent reconnaître qu'il était un saint.

Au Moyen Âge, dans les familles fortunées, les berceaux et leurs garnitures étaient souvent ouvragés et coûteux. Les petits princes disposaient de deux berceaux, l'un pour la journée et l'autre pour la nuit. Celui qui servait le jour était destiné à exposer le bébé. Placé sur une estrade, richement sculpté et tapissé, drapé de fourrures et d'étoffes précieuses, il était souvent aussi grand et coûteux que les lits du roi et de la reine. Le nourrisson était dorloté au calme dans la chambre des enfants, où il dormait dans un berceau bas et

relativement simple. Une nourrice, assise non loin de lui, le berçait toute la nuit.

Les berceaux ou lits d'enfants du XVIIIe et du XIXe siècles étaient de construction très élaborée et devenaient très souvent des meubles de famille. Outre le traditionnel berceau à bascule, on trouvait des berceaux suspendus à un montant, ce qui permettait en poussant légèrement, un peu comme une balançoire, de ne pas avoir besoin de bercer constamment de la main. Le concepteur de mobilier anglais Thomas Sheraton inventa le premier berceau automatisé : il mit au point un mécanisme d'horlogerie qui faisait bouger le lit sans arrêt.

Les chambres d'enfants telles qu'on les conçoit aujourd'hui apparurent à l'époque victorienne. Pour la première fois, on admettait que les enfants soient des individus à part entière. La chambre d'enfants leur est réservée et renferme exclusivement leurs jouets, leurs meubles et leurs lits. C'est là qu'un jour leur imagination s'envole : le motif du papier peint fleuri révèle tout à coup la tête

Ci-dessus à gauche : avec les bandes de tissu blanc, la mère «laçait» son enfant dans ce porte-bébé Navajo du siècle dernier. Il appartient à la collection d'Iris Barrel Apfel, qui vit à Palm Beach.

Ci-dessus à droite : des chevaux sculptés à la main soutiennent la barre d'où balance ce berceau indien du XIXe siècle. Son plateau est en jonc tissé, matériau adapté aux climats chauds. Le berceau fait partie de la collection Iris Barrel chez Old World Weavers.

Ci-contre : ces porte-bébés, que les Sioux du Dakota portaient dans le dos, protégeaient parfaitement la tête de l'enfant. De forme traditionnelle, ils sont ornés de rangs de perles assemblés à la main sur du cuir et fixés sur du bois décoré. Ils datent des années 50 et font également partie de la collection d'Iris Barrel Apfel.

Ci-dessus à gauche : *on voit avec ce berceau en bois recourbé que les objets pratiques et d'usage quotidien peuvent devenir d'originales œuvres d'art.*

Ci-dessus au milieu : *ce berceau en bois fruitier à barreaux tournés possède un grand rideau en voile bordé d'un galon de dentelle volantée. Lorsque le voile est défait, il entoure le lit et protège le bébé.*

Ci-dessus à droite : *délicatement ornée de jours et de rubans de coton, cette voiture d'enfant en osier sert aussi de berceau.*

À gauche : *ce berceau vénitien en bois sculpté du XVIIe siècle, auquel l'artisan a donné la forme d'un bateau, est une pièce rare.*

Ci-contre : *ce berceau en osier avec des bascules en pin a été installé à l'extérieur d'une maison au toit de chaume de l'Ulster Folk and Transport Museum. L'auvent peu profond protégeait l'enfant des courants d'air. Le couvre-lit en patchwork, qui date de 1880, a été réalisé en coton rouge et blanc avec un motif de trèfle à quatre feuilles appliqué.*

Double page suivante : *cette collection de draps et couvre-lits de bébé, réunie par le styliste new-yorkais Robyn Glaser, est soulignée de nœuds et de rubans pastel.*

À droite : *on peut faire rouler ce berceau français en fer, datant du siècle dernier, près du lit des parents. Pour Jan Dutton, qui dirige une boutique de linge de maison appelée Paper White, il revêt une importance particulière : ses trois enfants y ont dormi.*

Ci-contre : *dans ce berceau fabriqué par Gérard Rigot, c'est une girafe qui veille sur le bébé endormi.*

Double page suivante : *ce matelas de vieille paille et de laine aurait autrefois accueilli cinq enfants dormant tête-bêche ; d'autres dormaient à tour de rôle sur le sol ou sur des chaises rapprochées. Les habits faisaient souvent office d'oreillers et de couvertures. Ce décor fut créé par Dennis Severs pour montrer comment les Londoniens pauvres vivaient dans le quartier de Spitalfields.*

d'un singe ; la brise à travers les rideaux annonce l'arrivée de Peter Pan ; au craquement d'une lame de parquet à l'étage supérieur, on devine qu'un pirate se trouve au grenier. Le meilleur exemple de ces rêveries d'enfant se trouve peut-être dans *Casse-Noisette*, quand Clara s'endort sous l'arbre de Noël et découvre à son réveil que son univers a été transformé en rêve.

L'enfant passe du berceau au lit d'enfant puis au lit et chaque transition annonce de nouveaux apprentissages. Les jeunes enfants prennent progressivement conscience du rituel rassurant de l'heure

Ci-dessus : on a transformé une chambre de garçon en chambre de fille en décorant le petit lit en pin de dentelles, de nœuds et de mètres de tissu rose moucheté. Le lit de poupée appartient à la famille depuis plus d'un siècle.

À droite : Mariette Himes Gomez a installé cette chambre dans sa maison de campagne. Les lits jumeaux ont été réalisés à partir de l'ancien lit superposé de son fils et le bois a été laqué de noir profond. Sur les lits, d'anciennes taies d'oreillers suédoises, des draps de Ralph Lauren et des quilts Shaker.

Ci-contre : Babar, le meilleur ami de plusieurs générations d'enfants, se repose près d'un oreiller recouvert d'une taie à festons de chez Porthault.

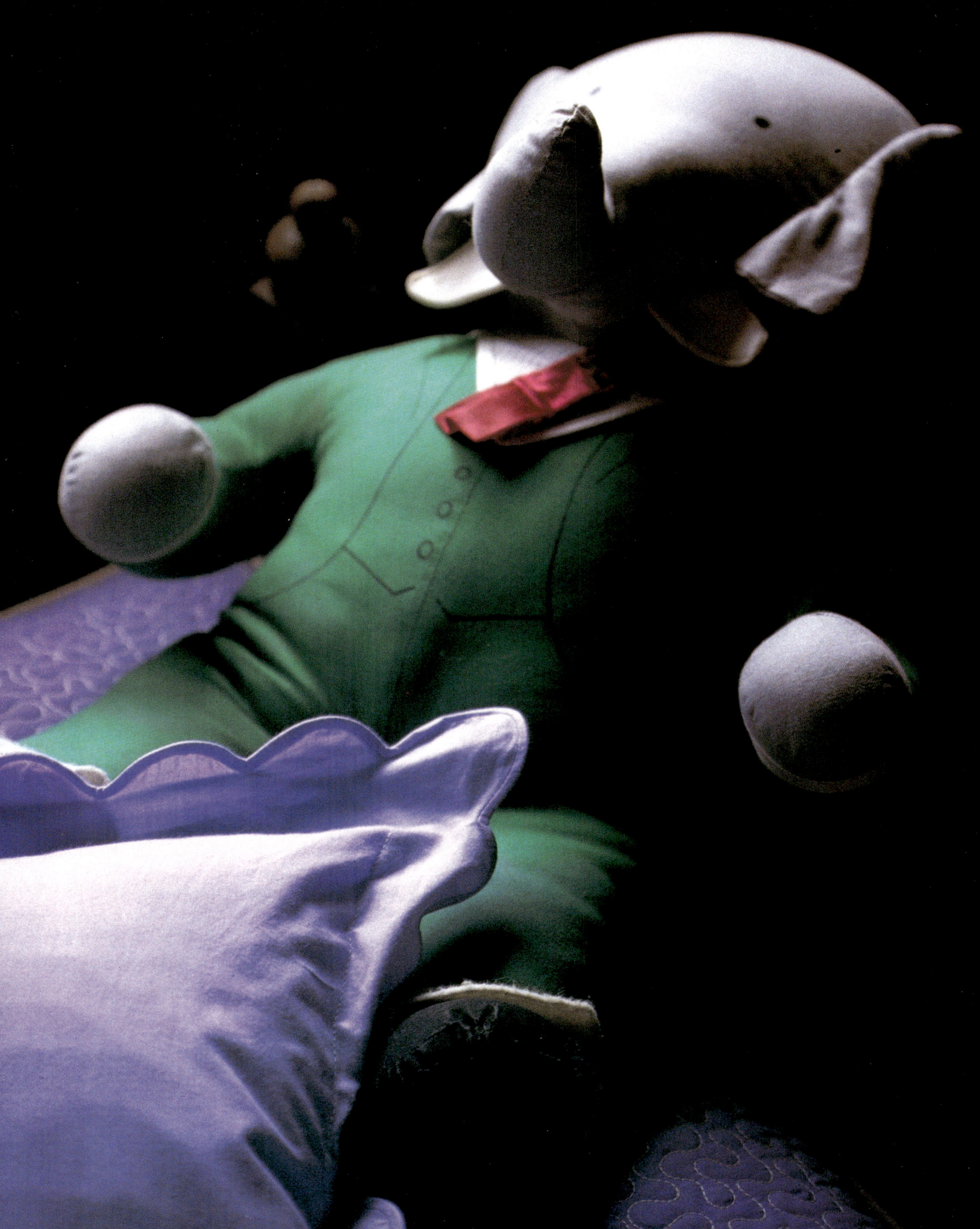

du coucher : histoires, contes de fées, et chuchotements avec l'animal en peluche préféré. Le lit devient un refuge dans un monde nocturne parfois effrayant et la chambre un terrain de jeux privilégié empli d'objets familiers et de secrètes chimères.

Avec les années qui passent, l'indépendance s'affirme plus ouvertement. Les enfants commencent à choisir la décoration de leur chambre. Les copains viennent dormir à la maison le week-end et l'on passe des heures à discuter dans la nuit. La chambre se remplit de sacs de couchage et de matelas supplémentaires. On met au

Ci-contre : les stylistes Yves et Michelle Halard ont décoré cette chambre pour leurs petits-enfants qui leur rendent visite. Les murs et les lits sont tendus d'un de leurs imprimés.

À gauche : le lit de poupée et la petite commode de style Louis XVI sont en bois sculpté et laqué. Le couvre-lit au-dessus de l'édredon est en batiste, dentelle faite à la main et broderies. Le mobilier fut réalisé par Paquin, ébéniste dijonnais.

Double page suivante : dans un camp d'été pour garçons conçu par le styliste new-yorkais Howard Christian, les lits ont été achetés dans un magasin de surplus de l'armée et sont personnalisés par les couvertures, draps et objets de chacun.

Pages 68 et 69 : les nuits que les enfants passent à papoter sont monnaie courante chez les antiquaires Susan et Tony Victoria. Les enfants dorment sur des futons posés à même le sol ou sur le lit de repos. Ils apprécient ces longues soirées de jeux. Ils sont entourés de beaux objets : le lit de repos est une copie d'un meuble Louis XVI qui se trouve au musée des Arts Décoratifs, l'obélisque est en malachite russe, le miroir est entouré de bois peint et doré et le piano date des années 30.

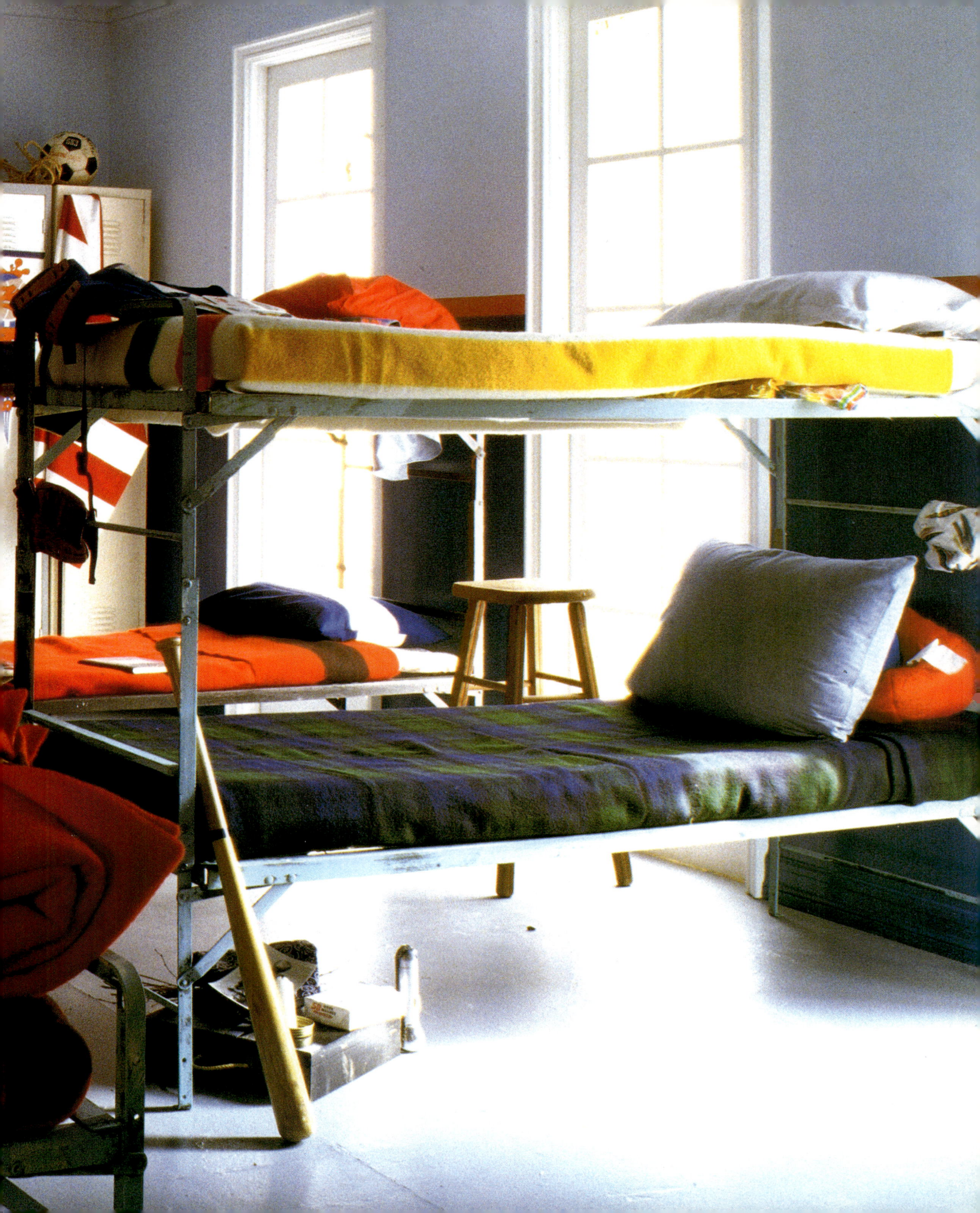

À droite : *sous les sages draps de coton rayé et la couverture de ce lit de camp, se dissimule la preuve d'activités moins enfantines.*

Ci-contre : *ce gros-plan du lit de repos chez les Victoria illustre bien la période de transition entre l'enfance et l'adolescence. L'ours attend patiemment l'enfant sur le lit, alors que la robe du soir empruntée et les chaussures à talons aiguilles témoignent de rêves de «jeune fille».*

point des manœuvres pour obtenir le meilleur lit ou la meilleure place sur le sol et l'invité malchanceux trouve son lit en portefeuille. Camper une nuit dehors est aussi un rite, au même titre que la colonie de vacances. On monte les canadiennes, on prépare le dîner sur un feu de camp et on se raconte à voix basse des histoires de fantômes sous les étoiles. Armés des draps, couvertures et oreillers de la maison, les enfants s'avancent peu à peu dans le monde.

LITS PROVISOIRES

Ces lits provisoires sont des lits d'appoint. Ce sont, tout simplement, les lits où l'on fait la sieste : lits de repos, divans ou hamacs. Sur un plan symbolique comme dans la réalité, ils nous aident à franchir une nouvelle étape. Entre l'adolescence et l'âge adulte, nous vivons «en transit», dans une continuelle mobilité. Les lits dans lesquels nous dormons sont souvent éloignés de la maison où nous sommes nés et encore plus de celle dans laquelle nous nous installerons à l'âge mûr. C'est dans ce type de lit que les adolescents, les étudiants, les soldats, les voyageurs, qu'unit la nature éphémère de leur séjour, cherchent refuge.

À l'adolescence, le chemin de l'indépendance passe par le besoin de se créer un lit et une chambre à soi. Les adolescents posent leur matelas à même le sol ou déplacent régulièrement leur lit d'un coin à l'autre de la chambre, tapissent les murs d'affiches et de photos de magazines, cachent sous les draps journaux intimes et lettres. Ils passent leur temps à dormir, ou ne dorment jamais, ce qui est une autre façon de s'affirmer. À mesure que la quête d'autonomie distend les liens avec la famille, le désir de dormir ailleurs qu'à la maison s'accroît, et les nuits passées chez les copains deviennent de plus en plus fréquentes.

Les étudiants sont par définition dans une situation provisoire.

Page 72 : *à la Nouvelle-Orléans, un hamac a été suspendu à l'ombre de la maison Pitot.*

Page 73 : *ce lit d'angle du début du XVIᵉ siècle, d'esprit et de construction gothique, est décoré dans un style du début de la Renaissance. Il est constitué de deux panneaux muraux et d'une colonne ornée de motifs en losanges sculptés. Le panneau décoratif au centre représente une sirène-dragon, censée exercer une influence bénéfique sur l'enfant.*

Ci-dessus : *le portrait inachevé que fit en 1800 Jacques-Louis David de Madame Récamier la représente élégamment appuyée au chevet d'un lit de repos.*

Ci-dessous : *dans une caserne française, les lits sont placés en rangs parfaitement alignés.*

Ci-contre : *lorsqu'il était Premier consul, Napoléon dormit dans ce lit-bateau de style Directoire en acajou. Les ornements en or moulu donnent à ce lit de repos, une allure théâtrale.*

Double page suivante : *Don et Lila Madtson, antiquaires à Austin dans le Texas, vivent au Nouveau Mexique dans une maison qui date en partie de la fin du XVIIIᵉ siècle et de la deuxième moitié du XIXᵉ siècle. La pièce n'a pas été touchée depuis que leur fils est parti faire ses études. Le lit à colonnes en érable de 1810, le quilt américain en patchwork et un charmant méli-mélo d'objets anciens, jouets et trésors d'enfance, font que les hôtes de passage se sentent aussitôt chez eux.*

Leurs lits et dortoirs n'ont cessé de se modifier au cours des siècles. À Eton en 1441, soixante-dix garçons étaient logés dans une série de dortoirs surveillés par trois «grands». Ceux qui n'avaient pas quatorze ans étaient autorisés à dormir à deux par lit. Dès 1560, la règle instituait de se lever à cinq heures, de réciter la prière tout en s'habillant, de faire son lit et de balayer. L'heure du coucher était fixée à vingt heures. Enfermés dans leur dortoir sans surveillance, ces «collégiens» faisaient inévitablement un chahut permanent. Ils pratiquaient certains «sports», comme lancer les nouveaux en l'air avec une couverture ou de retirer le lit sous ceux qui dormaient déjà.

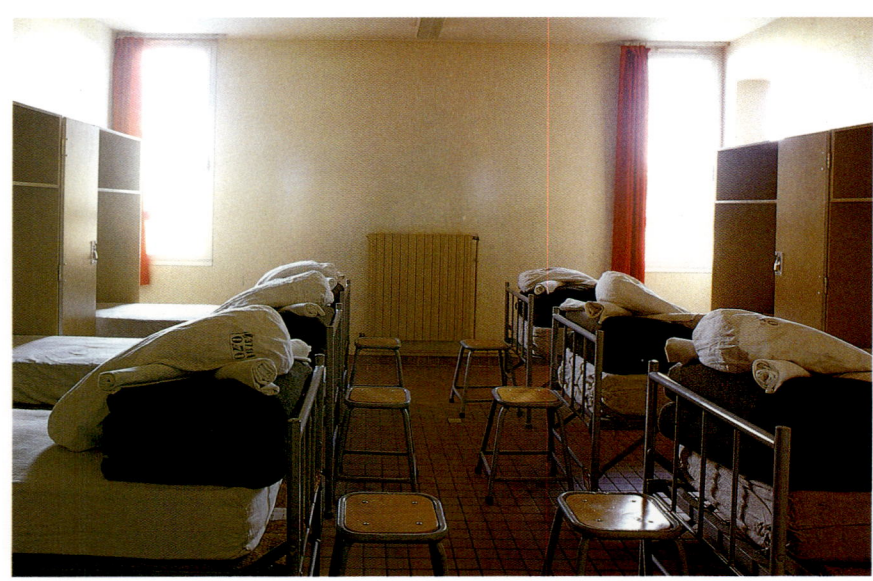

En haut : *le lit drapé de tissu devient un nid douillet pour une jeune adolescente.*

Ci-contre : *Freddie Victoria dessina sa chambre avec l'architecte Russel Riccardi à l'âge de treize ans. Étant donné qu'il vit dans une maison meublée d'antiquités, il marqua sa préférence pour une chambre moderne. Lorsqu'un de ses amis reste dormir chez lui, il déroule un sac de couchage.*

De nos jours, les étudiants peuvent être logés sur le campus de diverses façons. Ils vivent parfois dans des petits appartements de deux chambres, avec deux étudiants par chambre qui partagent une salle de bains commune. Dans certains campus, ils bénéficient de chambres individuelles et d'installations sanitaires collectives. Depuis quelques années, de nombreux immeubles d'étudiants sont devenus mixtes, ce qui a apporté un élément neuf dans la vie en cité universitaire. Quel que soit leur mode de logement, leur lit n'est pas un endroit uniquement voué au sommeil. Un simple matelas dans une pièce bondée devient un meuble auquel on s'attache, aux multiples fonctions : il sert selon les cas de table, de bureau ou de canapé. Il représente une maison provisoire.

Les soldats, quand ils dorment, sont rarement dans un lit. En temps de guerre, pendant les manœuvres ou les périodes d'entraînement, ils se pelotonnent dans un sac de couchage, sous une tente, contre un coupe-vent ou encore dans un trou exposé aux éléments. À la caserne, en revanche, le lit du soldat est l'objet d'un règlement rigoureux. Il doit être vite et bien fait : les draps sont bordés comme à l'hôpital, avec des coins bien droits, et la couverture est telle-

Ci-dessus : *à Meursault, deux frères restés célibataires vivent dans un château du XIXe siècle. Ils ont toujours partagé la même chambre depuis l'enfance.*

Ci-dessus : *ce lit Louis XVI fait aujourd'hui fonction de canapé dans l'appartement parisien du photographe François Halard et de Dominique Velay.*

À gauche : *dans la Coshkib Hill Farm de l'Ulster Folk and Transport Museum, un voyageur aurait pu accrocher sa casquette près de ce grand lit en fer. Ces lits furent fabriqués au tournant du siècle pour remplacer les lits en bois. Ils étaient plus légers, moins coûteux et, pensait-on, plus hygiéniques.*

Ci-contre : *le voyageur épuisé qui pénètre dans cette chambre d'une maison suédoise du XVIIIe siècle se croit arrivé chez lui.*

Double page suivante : *il doit être bon d'arriver ici après un long voyage ; les pièces de cette résidence de campagne suédoise, de style rococo, possèdent encore les peintures murales, le mobilier et les tapis d'origine.*

Ci-dessus, en haut : *le premier lit-malle Louis Vuitton fut fabriqué en 1865 pour l'explorateur Pierre Savorgnan de Brazza. Le matelas se replie entièrement dans le coffre.*

Ci-dessus : *un banc de parc peut servir de lit de fortune.*

Ci-dessus à droite : *les membres de l'équipage de ce bateau de course suédois se glissent dans les couchettes encastrées.*

Ci-contre : *fabriquée par Orton and Spooner à l'époque victorienne, cette caravane était considérée comme une luxueuse maison de voyage. Le lit confortable était apprécié dans cet espace si restreint.*

ment serrée autour du matelas qu'on pourrait y faire rebondir une pièce de monnaie.

Les couchages de voyage existent depuis des siècles. Dans la Chine d'autan, des hommes forts portaient des cadres ressemblant à des lits sur de grosses poutres. Par la suite, les chevaux les remplacèrent pour transporter les dormeurs.

L'un des lits de voyage les plus étranges appartenait au cardinal de Richelieu, au tout début du XVIIe siècle. Cloué au lit par la vieillesse, mais bien décidé à voyager, il partait tout simplement en visite dans son lit ! Six hommes portaient le grand lit où se trouvait le cardinal, le débarquaient des bateaux, escaladaient les collines, traversaient villes et villages et abattaient sur leur passage les murs et portes trop étroites pour le laisser passer.

À droite : *recouvert d'un quilt ancien, ce canapé dessiné par Mario Villa devient un lit d'appoint.*

Ci-contre, en haut à gauche : *pour lire et méditer, Frank Maresca, marchand d'art et photographe de mode, s'allonge sur ce divan de Saporiti datant de la fin des années 60. C'est aussi une bonne position pour contempler tout en se relaxant le tableau de William Hawkins intitulé Les Jongleurs.*

Ci-contre, en haut au milieu : *dans l'appartement parisien du décorateur Jacques Grange, cette chaise longue est là pour les moments de détente et de réflexion.*

Ci-contre, en haut à droite : *les concepteurs de mobilier Michael Rey et Paul Mathieu se sont inspirés des courbes de Brigitte Bardot étendue nue sur un matelas dans Le Mépris de Jean-Luc Godard. Le matelas de ce lit de repos à la fois élégant, sensuel et aux formes dépouillées est recouvert de taffetas de soie.*

Ci-contre, en bas : *dans la chambre d'amis de la styliste Jessica McClintock, cette duchesse du XVIIIᵉ siècle permet de se retirer au calme.*

Aujourd'hui, lorsque nous passons la nuit dans un train, un avion, un bateau ou une voiture, notre sommeil peut revêtir une dimension particulière, presque magique. Le lit, aussi simple soit-il, paraît extraordinaire et le sommeil devient une aventure. Les wagons-lits Pullmann, apparus vers 1870, servirent d'inspiration aussi bien pour la couchette ordinaire que pour les trains de luxe, tel le légendaire Orient-Express. Les passagers d'un train s'endorment bercés par le rythme des balancements pendant que la locomotive avance à travers le paysage.

Ci-dessus : *ce canapé américain en bois de rose datant des années 1840 devient un lit lorsque les stylistes Paul Siskin et Peroucho Walls travaillent tard le soir.*

Ci-contre : *sous Louis XVI, la duchesse de Mouchy, dame d'honneur de Marie-Antoinette, dormait dans ce lit de Georges Jacob. Le styliste français Jacques Garcia a tendu sur le cadre doré du taffetas Veraseta teint pour s'assortir à la couleur du damassé d'origine.*

Double page suivante : *dans les maisons du parc de Skansen, à Stockholm, les lits sont véritablement encastrés : de petites niches ont été creusées dans le mur pour donner plus de place aux jambes. On empilait sur les lits matelas de plume, traversins, dentelles et broderies, tapisseries et housses. Devant le lit pendaient souvent des rideaux colorés et l'on plaçait à sa tête une jolie serviette blanche. Ces lits rassemblaient fréquemment deux générations d'une même famille.*

Les lits dans les avions sont habituellement réservés aux chefs d'État, mais certains sybarites, tel Hugh Hefner, installent un lit dans leur jet privé. Le passager ordinaire trouvera une position confortable, s'il a de la chance, sur les vols peu fréquentés : une rangée de sièges inoccupés, une couverture et un ou deux oreillers lui permettront de se reposer en plein ciel. Les astronautes, qui vivent en apesanteur, doivent pour dormir s'attacher dans des sacs de couchage superposés comme des couchettes et fixés au mur. Les officiels de la Nasa affirment que l'on y dort assez bien et que l'on a l'impression de flotter, un peu comme dans le ventre maternel.

Les «maisons mobiles», caravanes et autres véhicules de loisirs offrent aux voyageurs qui aiment le dépaysement un sommeil de bonne qualité, dans des lits bien conçus qui ressemblent aux couchettes des voiliers.

Les lits des cabines de bateaux sont peut-être les plus luxueux des lits de voyage. Les paquebots et les yachts sont équipés de lits de toutes tailles, y compris de très grande largeur. Pour beaucoup de gens, les bateaux de croisière sont le symbole même du voyage raffiné. Ceci est en grande partie dû aux superbes aménagements

des cabines de luxe. Les bateaux plus petits, comme les voiliers par exemple, possèdent parfois des couchettes en alcôve intégrées dans la coque. L'un des lits de bateau les plus intéressants est le hamac, qui équipa pendant plus de cent cinquante ans les navires de la marine américaine.

À l'origine lit primitif de Nouvelle-Guinée ou d'Amérique du Sud, le hamac est fréquemment utilisé pour faire la sieste.

Les lits de repos sont également parfaits pour les moments de détente. Ils étaient très répandus aux XVIIe et XVIIIe siècles. Louis XIV en possédait quarante-huit ; les dimensions de certains excédaient deux mètres de long et un mètre de large. Les lits de repos, de même que les chaises longues, les fauteuils, les divans et les sofas constituent des lieu à part réservés à la lecture ou la rêverie.

Ci-dessus : Dennis Severs a recréé le boudoir et le cabinet de toilette d'une femme vivant en 1825.

Ci-contre : l'Orient-Express, train de légende inauguré le 4 octobre 1883, était en pleine activité au tournant du siècle. Il connut son heure de gloire pendant les années 20 et 30. Les célébrités de l'époque dormaient dans des draps de soie, buvaient de grands champagnes et dégustaient la meilleure cuisine d'Europe. Le train comportait onze wagons-lits, composés de cabines simples et doubles.

Double page suivante : dans le Maine, la fraîcheur de la brise par une chaude journée d'été fait de ce simple lit l'endroit rêvé pour une sieste de fin d'après-midi.

AMOURS ET PASSIONS

Tapis d'aiguilles de pin dans la forêt ou grand lit sculpté sur lequel s'empilent les édredons, le lit a toujours été le domaine privilégié des amants. Il peut être le lieu des fantasmes aussi bien que du réel. Il peut aussi devenir un havre où retrouver confiance, sécurité, passion et amour. Au lit, on abandonne toute pudeur. Lorsque l'être aimé n'est plus là, le lit semble vide et froid.

Selon Ovide, dès le Ier siècle avant J.-C., le lit où l'on est seul est un lieu de solitude et de souffrance :

« D'où vient que ma couche me semble si dure, que mes couvertures ne restent pas à leur place sur mon lit, que j'ai passé sans sommeil cette nuit, toute cette nuit, et qu'à force de me retourner mes os fatigués me font mal. Car enfin, je m'en apercevrais si quelque amour me tourmentait. »

En dépit du caractère passionné et sincère de l'amour, chaque civilisation possède ses propres règles de séduction, dont le but ultime reste néanmoins d'obtenir les dernières faveurs de l'être aimé. Suivent quelques extraits de textes empruntés à des auteurs de notre culture :

Page 96 : *le lit de l'amour est un lieu d'abandon et de mystère. La lueur des bougies vacille dans le petit jour alors que les amants dorment encore.*

Page 97 : *ce lit à colonnes, sur l'île de Saint-Barthélemy, est garni de draps de coton aux couleurs vives.*

Ci-dessus : Le Verrou, *peint vers 1778 par Jean-Honoré Fragonard, évoque la passion et le scandale tant par les gestes des deux amants que par les volumineux drapés et plis du lit aux draps de satin.*

Ci-contre : *le lit de foin à l'abri des regards a toujours été une cachette appréciée des amants impatients.*

Double page suivante : *l'élément principal de ce lit est un billard américain que le peintre Ricardo Cinalli découvrit dans un presbytère du quartier de Spitalfields, à Londres. Ricardo souhaitait un lit haut et original. Il retourna le billard, le posa sur des caisses trouvées dans un marché et le drapa d'un tissu qu'il noua ensuite au-dessus de la tête de lit. Il a peint également le sol et la grande toile contre le mur.*

Pages 102 et 103 : *pour un lit à la campagne, rien ne vaut les taies et les draps blancs anciens.*

«Nous lirons dans le même lit,
Au livre de ton corps lui-même
C'est un livre qu'on lit au lit.
Nous lirons le charmant poème
Des grâces de ton corps joli.»

G. Appolinaire, *Ombre de mon amour*, Gallimard.

«Voici le lit commode, où l'heureuse licence
Remplaçait par degrés la mouvante pudeur.»

E. de Parny, *Souvenir*.

«Les lits sont toujours plus pâles que les morts.»
F. Picabia, *Écrits*, Belfond.

«Le lit, c'est le champ de l'esprit délivré de la pesanteur. Il faut être couché pour voir le ciel.»
Paul Morand.

«Mais quand au lit nous serons»

Ronsard.

Ci-dessus : *Yves et Michelle Halard dorment au rez-de-chaussée de leur château de Châteaurenaud. Ce lit à colonnes, recouvert d'un dais en damassé bicolore de leur collection, fut à l'origine réalisé pour une exposition de tissus.*

Ci-contre : *les étoiles de cette petite pièce, juste assez grande pour contenir un lit, ont été exécutées à la feuille d'or par Marla Weinhoff. Le grand lit Louis XVI est tendu de lin et orné d'une frange à pompons. La pièce a été décorée par Feldman-Hagan, Howard Christian et Debra Jason.*

«Nous aurons des lits plein d'odeurs légères,
Des divans profonds comme des tombeaux,
Et d'étranges fleurs sur des étagères,
Écloses pour nous sous des cieux plus beaux.

Usant à l'envi leurs chaleurs dernières
Nos deux cœurs seront deux vastes flambeaux,
Qui réfléchiront leurs doubles lumières
Dans nos deux esprits, ces miroirs jumeaux.»

Baudelaire, «La Mort des amants», *Les Fleurs du mal*.

Les règles de l'étiquette à la cour des souverains d'Europe au XIIe siècle sont à l'origine de l'expression «faire sa cour». Pour fournir aux hommes un code de galanterie en cette époque de barbarie et de violence, de grandes épopées furent inventées, qui proposaient des modèles de conduite. Tristan et Iseult et les légendes du roi Arthur constituaient des manuels médiévaux de savoir-vivre. Jusqu'alors, les mariages étaient arrangés, et l'émotion n'y occupait aucune place. Par leurs chansons et leurs récits, trouvères et trouba-

dours donnèrent naissance au culte de l'amour. La cour chevaleresque exigeait courage et bonnes manières, ainsi que le respect de règles strictes.

En Amérique du Nord, au XVIIIe siècle, certains rites de séduction étaient pour le moins étranges. Le plus courant était « l'empaquetage », pratique qui consistait à faire sa cour à l'élu de son cœur dans un lit. La jeune fille était étendue toute habillée à côté de son prétendant. Ils étaient parfois séparés par une planche de bois. Cet usage considéré comme un préliminaire convenable au mariage, donnait aux deux tourtereaux une certaine intimité qui leur permettait de partager quelques secrets.

En haut : *la peinture à l'éponge donne beaucoup d'allure à ce lit français en métal.*

Ci-dessus : *Raymond Waites trouva ce lit lors d'une de ses expéditions chez les antiquaires. Il fut particulièrement séduit par sa forme dentelée et sa finition en pin naturel. Raymond Waites collectionne les quilts ; il en a installé un sur son lit et un autre à la fenêtre. D'autres sont pliés sur un ancien séchoir à linge.*

Ci-contre : *Lillian Williams collectionne les lits. Pour elle, ce sont à la fois des maisons et des robes de bal ; ils forment une pièce à l'intérieur de la pièce et donnent un sentiment de sécurité. Ce lit de style Louis XVI fait partie de sa collection de lits du XVIIIe siècle.*

Ci-dessus : *ce lit en fer travaillé a été fabriqué par des amis de Jan Dutton dans la région de San Francisco. Pour Jan qui dirige une entreprise de linge de maison, Paper White, son lit est l'endroit le plus agréable où elle puisse être avec son mari et ses trois enfants. Tôt le matin, la famille s'y rassemble et regarde la lumière danser à travers les rideaux de dentelle.*

Ci-contre : *ce lit à la turque en bois blanchi, surmonté d'un dais en taffetas de soie, se trouve dans l'une des chambres de Jessica McClintock. Les murs ont été peints à la main.*

Double page suivante : *Hunt Slonem est peintre, collectionneur de cadres et grand amateur d'oiseaux. Son sens de la couleur lui vient de nombreux voyages en Inde et en Amérique latine. Sa chambre est pour lui un lieu de méditation et de contemplation. On voit sur la photo ses meilleurs amis : deux toucans, un ara et un chat.*

Cette coutume se pratiquait encore en 1941 dans les îles Orcades, au nord de l'Écosse. Avec peu d'argent en poche, le prétendant parcourait souvent de grandes distances pour voir la demoiselle qu'il courtisait. La coutume voulait qu'on fasse alors un nœud spécifique à la cheville de la jeune fille.

Sous l'influence des médias, la notion de séduction a considérablement évolué. Les codes actuels n'ont plus, en apparence, la naïveté de ceux d'antan. Les images dans lesquelles nous baignons quotidiennement regorgent d'allusions qui tendent à nous piéger affectivement et sensuellement. La séduction devient prétexte à la vente des produits les plus divers, allant du lit – bien sûr en bonne place – , aux produits lessiviels. L'obstacle matériel qu'étaient la planche de «l'empaquetage» ou la dialectique du langage courtois se mue en bien de consommation.

Le premier amour, exclusif et tourné vers lui-même, transgresse, par son intensité, les règles et les codes. Roméo, épris de Juliette, déclare :

« [...] le seul éclat de ses joues ferait pâlir la clarté des astres, com-

me le grand jour, une lampe ; et ses yeux, du haut du ciel, darderaient une telle lumière à travers les régions aériennes, que les oiseaux chanteraient, croyant que la nuit n'est plus.»

Le premier amour ne ressemble à aucun autre. Dans l'idée de lit, se concentre l'imaginaire de l'amour. Quel que soit l'endroit de la première expérience, lieux et amant s'inscriront à jamais dans la mémoire. Comme le fit un jour remarquer Bette Davis : «La douceur du premier amour […] s'accroche encore comme le lierre aux murs de pierre.»

C'est à l'occasion du premier amour que l'on apprécie le grand lit, qui incarne la chaleur. Les amants abandonnent rapidement l'étroitesse du petit lit, car le grand lit permet l'intimité mais apporte de l'espace au couple. En le partageant, ils donnent à leur amour de la place pour grandir.

L'amoureux est aussi fasciné par le lit de la personne qu'il aime. Une légende allemande raconte l'histoire d'un jeune prétendant qui, pris dans une tempête de neige, passe la nuit dans le lit de l'élue de son cœur alors qu'elle dort ailleurs. Leur amour ne sera jamais

Dans la maison Pitot à la Nouvelle-Orléans, le lit en acajou dessiné par William Walter et Howard Christian est surmonté d'une moustiquaire.

consommé, mais cette nuit restera pour lui la plus érotique et la plus sensuelle de sa vie.

Lorsque ce premier amour se transforme en passion, le lit devient le port d'attache des amants. Si l'on considère la passion comme une énergie qui permet de transcender la vie terrestre et mortelle, le lit est certainement le véhicule de cet élan. Au lit, l'amoureux trouve le divin, l'éternel et un sens à la vie. Dans *Cent ans de solitude* de Gabriel Garcia Márquez, José Arcadio Buendia, au moment où il se glisse dans le lit d'une femme, est pris de peur et confronté à un dilemme classique : il «se sent désorienté et veut fuir, et en même temps rester à jamais...»

On aurait du mal à trouver une référence à la passion où le lit et la notion de transcendance de l'être n'apparaissent pas. Madame Bovary est transformée par la première rencontre avec son amant. Juste après avoir fait l'amour dans la forêt, «en s'apercevant dans la glace, elle s'étonna de son visage. Jamais elle n'avait eu les yeux si grands, si noirs, ni d'une telle profondeur. Quelque chose de subtil épandu sur sa personne la transfigurait».

L'amour n'est pas nécessairement éternel. La rencontre d'une

Ci-dessus : *William Walter et Howard Christian ont dessiné ce lit, recouvert de draps rayés bleu et blanc, pour la maison Pitot à la Nouvelle-Orléans.*

Double page suivante : *cette chambre-salle de bains a été décorée par Ricardo Cinalli et Éric Elstob dans une maison du début du XVIIIe siècle située à Londres, dans le quartier de Spitalfiels. Il était plus important d'avoir une grande salle de bains qu'une chambre spacieuse ; l'espace fut donc utilisé en conséquence. Le lit a été installé en hauteur, ce qui laisse un grand espace de rangement en-dessous. Les grandes fresques sont de Ricardo Cinalli.*

Ci-dessus : *Anthea Craigmyle et sa famille vivent dans cette maison du sud-ouest de Londres depuis trente-cinq ans. Cinq des six enfants de Lady Craigmyle sont nés dans le lit à colonnes de style George III. Les murs de la chambre, considérée comme la pièce la plus importante de la maison, sont ornés de portraits des enfants réalisés par des amis ou des parents.*

À droite : *il semble que le bric-à-brac des objets personnels finisse toujours par trouver son chemin jusqu'à la chambre et la table de nuit.*

Ci-contre : *aucune maison de poupée ne serait complète sans cette pièce si importante : la chambre.*

Double page suivante : *cette chambre de maître aux murs jaune vif, meublée de fauteuils tendus de soie rouge et ornée d'un tapis et d'un couvre-lit en cachemire, est décorée dans le style Empire suédois du milieu du siècle dernier.*

nuit est un accès de passion bref et intense qui pour quelques heures fait tout oublier. On ne choisit pas toujours le lit qui est plus souvent le résultat du hasard que d'un dessein et peut être mémorable ou sans intérêt.

Le lit de mariage est un meuble «royal», jusque dans les termes qui décrivent, comme dans cet exemple en anglais, ses dimensions : «queen size» et «king size». Il représente un engagement pour l'avenir et c'est d'ailleurs souvent le premier achat des jeunes mariés. Ce lit est d'abord couche nuptiale, mais cette connotation se modifie rapidement. Dans l'existence du couple, le lit est un lieu de passage en étroite relation avec le quotidien. La vie à venir y est potentielle : c'est là qu'aboutissent les cheminements de l'amour et, qu'en conséquence, s'éveillent au monde de nouvelles existences. C'est aussi là que nous cloue la maladie et que s'achève notre vie. Quelles que soient ses fonctions, le lit est omniprésent de notre naissance à notre décès. De ce fait, les rapports que nous entretenons avec lui sont liés à des codes spécifiques. De nombreux rites et coutumes se sont ainsi greffés autour du lit de noces. En Angleterre au XVe siècle, la cérémonie de la «mise au lit de la mariée» se prati-

Ci-dessus : *au premier étage de Châteaurenaud, la chambre a été abondamment tapissée d'un imprimé de la collection Halard baptisé «Aurélie».*

Ci-contre : *la luxueuse chambre de Diane de Poitiers dans le château d'Anet subjugue les visiteurs par ses damassés à motifs très ornementés et ses broderies. Le superbe lit à colonnes est sculpté de croissants, symbole de Diane, déesse romaine de la lune et de la chasse.*

Double page suivante : *le décorateur Jacques Grange a installé dans sa chambre où s'empilent les livres un lit en fer du XVIIIe siècle. Cet appartement fut la dernière résidence de Colette.*

quait aussi bien dans les familles royales que roturières. Les servantes déshabillaient la mariée et la mettaient au lit. Le jeune marié était dévêtu par ses garçons d'honneur et amené jusqu'à sa jeune femme. Les invités restaient ensuite dans la chambre, chantant et dansant pendant que les jeunes époux «faisaient connaissance»... Un bas était lancé sur les invités pour désigner qui serait le prochain à se marier, comme on le fait aujourd'hui avec le bouquet de la mariée.

La couche des amants adultères s'oppose au lit de noces, symbole d'intégration sociale. La nécessité du secret nourrit l'intimité et l'interdit ouvre la porte aux fantasmes. Lorsque Madame Bovary retrouve son amant, ils font l'amour dans un lit en acajou en forme de bateau, entouré de rideaux de soie rouge, qui symbolise leur évasion de la vie quotidienne.

La seule chose certaine à propos de l'amour, c'est qu'il se modifie sans cesse. Pour ceux qui voyagent sur son chemin dévorant, le lit est néanmoins toujours présent.

Ci-dessus : *Geoff Howell, peintre et décorateur, tire son inspiration d'un respect pour le passé. Il admire la richesse des formes, les harmonies de couleur et l'artisanat d'autrefois. Sa chambre est un résumé de son style et rassemble autour du confortable lit immaculé une collection d'antiquités, gravures et objets divers.*

Ci-contre : *une jolie nature morte orne la table de nuit de Geoff Howell.*

Double page suivante : *créé par Siskin Valls, studio de décoration intérieure, ce matelas est en coutil suédé décoré de trois couleurs de soutache brodée. Ces tissus créent une harmonie chaleureuse, avec les murs recouverts de stucco veneziano et le sol doré.*

CHEZ DES AMIS OU À L'HÔTEL

Le voyageur qui fait escale dans un hôtel ou une auberge, chez un ami ou un inconnu, souhaite y trouver un lit qui lui procure confort, chaleur et sécurité. Son hôte doit faire en sorte qu'il se sente chez lui, dans un cadre qui est, par sa nouveauté même, mémorable, unique et mystérieux.

On peut retracer à travers les siècles l'histoire du lit d'hôte. Au Moyen Âge, les monastères étaient quasiment les seuls endroits où les voyageurs pouvaient trouver à se loger. En 1235, on écrivait que le monastère de Saint-Alban, en Angleterre, possédait «de nombreuses chambres très belles, avec des placards et cheminées pour les hôtes». Les auberges privées, qui apparurent au XIIIe siècle, étaient beaucoup moins accueillantes. Les clients dormaient dans une salle commune et devaient apporter leur nourriture et même leurs chandelles. Dans les *Contes de Canterbury*, les pèlerins qui arrivent à l'auberge Tabard partagent la même pièce et une seule chandelle.

La notion plus moderne du lit d'hôte est née au siècle dernier, quand les gens voyageaient en diligence. Des descriptions datant de 1827 nous présentent les auberges sous un jour agréable. À propos d'une auberge anglaise, un client aisé laissa ce récit : «Le lit [...] est

Page 128 : *c'est souvent sur le lit que l'on étale ses affaires pour choisir ce que l'on va emporter dans ses valises et dans ses malles. Dans la chambre de Peroucho Valls, un damassé ton sur ton recouvre un lit français d'époque Empire.*

Page 129 : *la chambre d'amis du château d'Ansouis, datant du Xe siècle et situé dans le Massif Central, fait oublier l'image des châteaux humides et peuplés de courants d'air.*

Ci-dessus : *Toulouse-Lautrec, grand observateur de la vie citadine, a représenté en 1892 cette scène intimiste dans Le lit.*

Ci-contre : *un imprimé frais et pimpant, baptisé «Les Bouches», orne la chambre d'amis de la maison des Porthault à Émance.*

Double page suivante : *la maison Zorn, conçue par le peintre Andres Zorn, fut construite entre 1896 et 1910 à Mora en Suède. Le prince Eugène, membre de la famille royale suédoise, fit dans cette chambre d'amis plusieurs séjours de deux à trois mois. Ce lit est une version suédoise du style Louis XVI. Les tissus sont de Mora Hemslöjd.*

formé de plusieurs matelas [...] assez grands pour recevoir deux ou trois personnes [...] Lorsqu'on a tiré autour de soi les rideaux qui pendent du dais posé sur de larges colonnes en acajou, on se trouve comme dans un petit placard, une pièce [...] Sur la table de toilette, des pots de belle porcelaine dans lesquels on peut plonger le corps à demi.» Il dresse ensuite la liste des éléments de confort : tapis, serviettes, carafes, grands miroirs, lave-pieds et «feu agréable». Dans les auberges moins opulentes, les voyageurs modestes devaient en général partager la chambre et le lit avec d'autres voyageurs et fournir draps et couvertures.

Les membres des familles riches, dont la famille royale, transportaient fréquemment leur lit au cours de leurs déplacements. Richard III d'Angleterre mourut en 1485 à Bosworth dans son lit. Cette coutume d'emmener son lit en voyage fut importée au Nouveau Monde par les premiers colons, qui traversèrent l'Atlantique avec leur couchage.

La maison n'est pas seulement l'endroit où est le cœur, c'est aussi où l'on met son lit. C'est toujours un honneur autant qu'un plaisir d'être invité chez quelqu'un. C'est néanmoins un honneur encore plus grand que de recevoir quelqu'un pour la nuit. Pour que l'invité se sente vraiment accueilli, son hôte doit essayer de se mettre autant que possible à sa place : sera-t-il fatigué de son voyage ? Le lit prévu lui conviendra-t-il ? A-t-il des besoins particuliers auxquels il conviendrait de répondre ?

Ci-dessus : *les motifs du couvre-lit tissé et des draps de lin, sur ce lit situé dans une maison du parc de Skansen à Stockholm, égayent une pièce sobrement meublée.*

À droite : *ce lit de repos, toujours à Skansen, est recouvert de beaux draps de lin et de lainages. Les peintures murales sont caractéristiques de l'art provincial suédois du milieu du siècle dernier.*

Ci-contre : *glissé dans une alcôve de l'appartement parisien de Jacques Grange, ce petit lit a été rendu plus accueillant par un dais. Les teintes des rideaux s'harmonisent avec le couvre-lit piqué vert et rouge.*

Double page suivante : *ce lit français en poirier sculpté trône dans une chambre d'amis où se mêlent tradition et douceur. Le papier peint à motifs de guirlandes est de Zoffany. La pièce se trouve dans l'habitation de Scott Brown et Ralph Jones située dans le Connecticut. La maison de style Fédéral date de 1830.*

Ci-dessus : *dans cette villa de l'île de Saint-Barthélemy, les draps de couleurs vives et le décor «tropical» rendent accueillante la chambre d'amis.*

Ci-contre : *dans l'une des chambres d'amis de la maison des Porthault à Émance, la tête de lit est faite de grands coussins accrochés à une barre de laiton. Le dessus-de-lit piqué est assorti à la dominante jaune de la pièce.*

Il faut toujours apporter beaucoup d'attention aux draps et couvertures du lit d'un invité. Ils doivent être propres, accueillants et adaptés à la saison : un léger dessus-de-lit en coton ou une petite couverture en été et plusieurs couvertures de laine ou une couette épaisse en hiver. La sensation voluptueuse que procurent draps doux, couvertures moelleuses et oreillers rebondis, peut transformer une pièce ordinaire.

Une lampe de chevet, des livres et revues, une carafe d'eau, une boîte de mouchoirs en papier et même éventuellement une brosse à

Ci-dessus : *selon Philippe Starck, à qui a été confiée la décoration des chambres de l'hôtel Paramount à Manhattan, le lit constitue l'élément principal d'une chambre d'hôtel. Cette pièce devait être d'après lui une sorte d'atelier d'artiste. Il a donc placé à la tête du lit un détail très agrandi d'un tableau de Vermeer entouré d'un cadre doré.*

Ci-contre : *les chambres doubles de l'hôtel Paramount ne sont pas décorées de tableaux. Les têtes de lit sont en vinyle noir encastré dans un cadre doré. Les clients qui se déplacent dans la pièce deviennent un élément de sa composition.*

dents, des serviettes de bain et du savon contribueront à compléter ce cadre agréable.

Les voyages nous entraînent parfois dans des lits lointains en des lieux exotiques. Une chambre d'hôtel mystérieuse et séduisante fait oublier la routine de la vie quotidienne. Une nuit passée hors de chez soi peut être l'occasion de dormir dans un lit extraordinaire, avec des draps, des oreillers et un couvre-lit somptueux. Dans les hôtels de grand luxe, les lits sont garnis d'édredons de la meilleure qualité et de linge d'une blancheur immaculée, impeccablement repassés. Pourtant, pour être romantique, il n'est pas nécessaire que le couchage soit d'un confort luxueux. Une chambre au lit bosselé dans une vieille demeure peut offrir toute la magie et le charme que le voyageur recherche.

Le lit dans lequel nous dormons une nuit par hasard est généralement lié à un mode de vie inhabituel. La nouveauté du lieu et la fugacité du moment repoussent la norme, provoquent l'imaginaire et peuvent enrichir la relation affective.

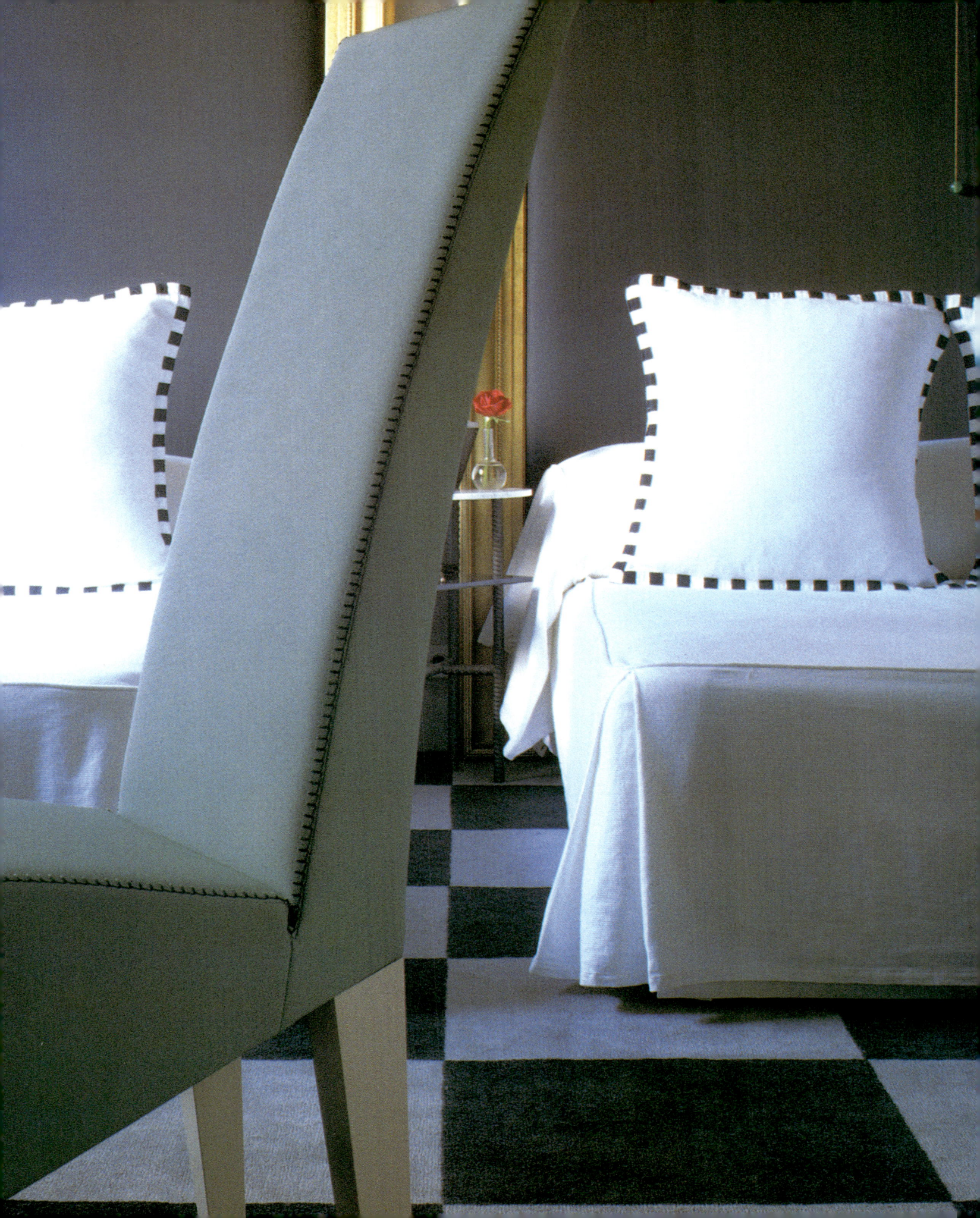

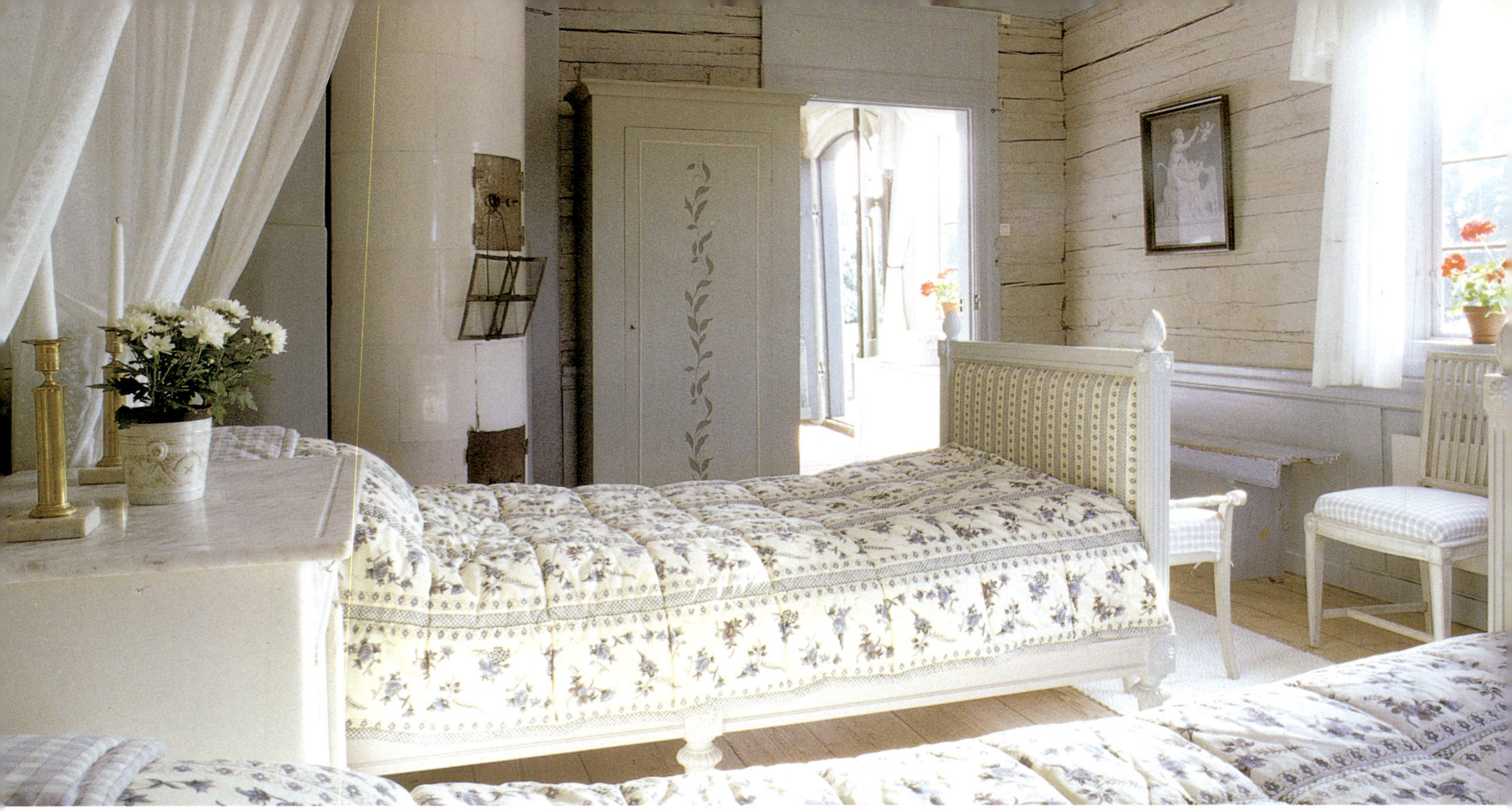

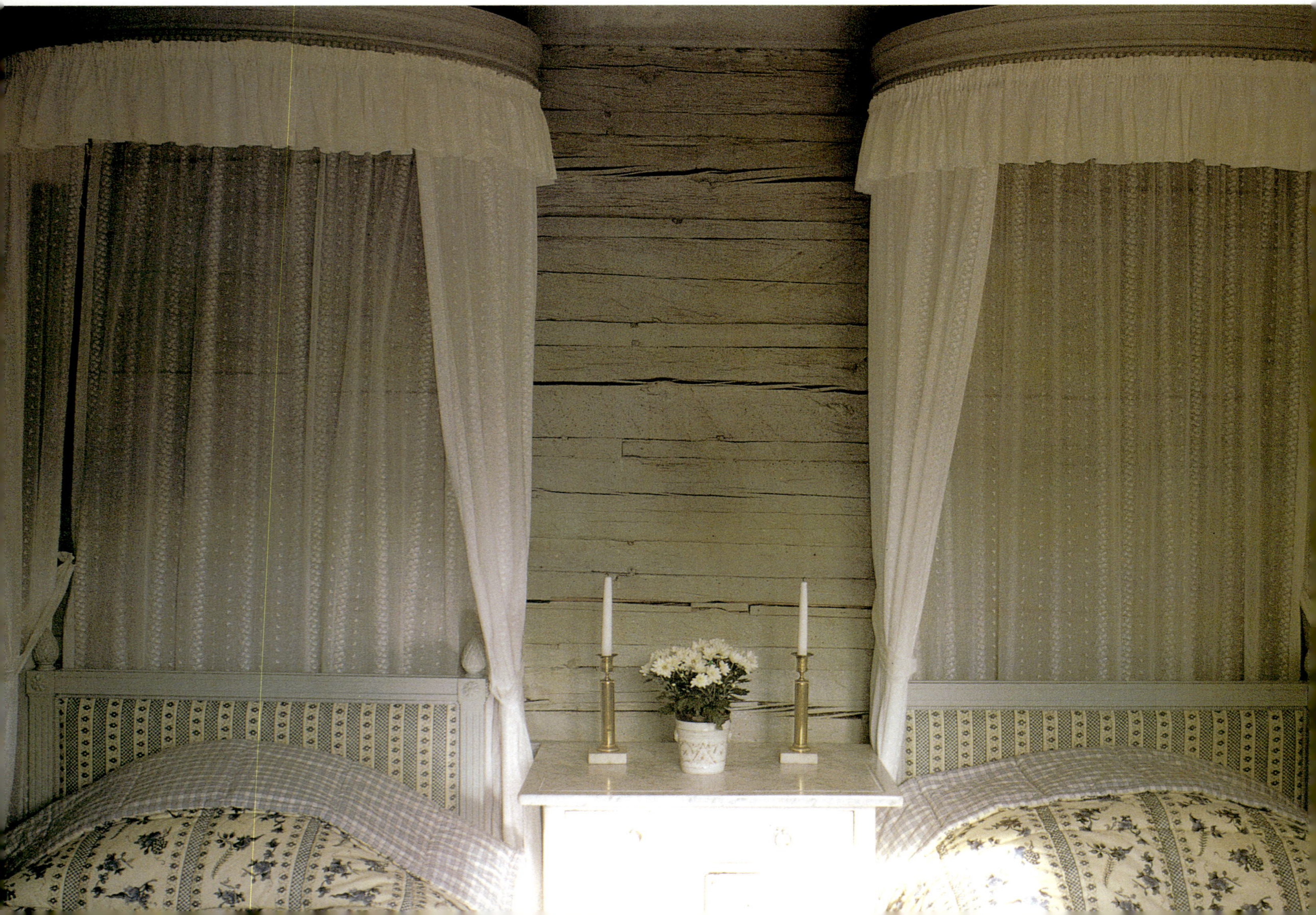

L'expérience est différente en voyage d'affaires. Le lit d'hôtel est alors un endroit où se reposer, travailler et se préparer pour le lendemain. Il devient un bureau où l'on étale ses papiers et d'où l'on téléphone. Pourtant, que le séjour soit professionnel ou non, le désir d'être bien traité demeure. On apprécie de trouver, le soir venu, le lit ouvert, un bonbon ou un chocolat sur l'oreiller.

Ci-dessus : *des draps amidonnés pendent de ce lit à colonnes du milieu du XVIIe siècle. Les chaises suédoises baroques et le miroir de coiffeuse recouvert d'une peinture argentée forment une élégante composition au pied du baldaquin.*
Ci-contre : *dans une pension de famille suédoise, l'une des chambres contient deux lits recouverts d'un tissu français contemporain qui évoque le charme de la campagne. Des petits dais vaporeux ont été réalisés avec de la gaze drapée derrière les lits.*

Double page suivante : *au château de Meursault, on a installé des rideaux brodés datant du milieu du XIXe siècle derrière des lits jumeaux en acajou de la même période, ornés de draps Porthault.*

Ci-dessus : *après une longue journée en voiture, dormir dans la plus ordinaire des chambres de motel devient une perspective agréable.*

Ci-contre : *un voyage dans l'Orient-Express est aussi élégant et passionnant qu'un séjour dans un bel hôtel.*

EN CONVALESCENCE

Durant une convalescence, le lit est le lieu de la métamorphose. On s'y glisse comme dans un berceau, on retrouve le ventre maternel, avec l'espoir d'être soigné, guéri et de renaître. Le monde se réduit à ce lit.

Dans l'Antiquité, les Grecs considéraient que la guérison avait lieu à la fois dans le corps, l'âme (ou psychè), et l'esprit de la personne. Les centres de guérison étaient nombreux. On soignait de nombreuses affections en imposant au patient d'assister à une pièce de théâtre puis d'aller se coucher. Le lit, le sommeil et les rêves avaient, pensait-on, des vertus réparatrices.

Aujourd'hui, la guérison s'effectue toujours au niveau du corps, de la psyché et de l'esprit. Le cadre dans lequel le malade se rétablit joue un rôle essentiel et doit lui procurer autant que possible une sensation d'indépendance, tout en étant confortable et agréable. Les objets qui entourent le lit devront être choisis et disposés avec soin. Quelques petits détails, comme des tissus colorés et des draps frais ont une influence bénéfique sur le moral du malade. Un bouquet de fleurs agrémente la chambre. On pourra placer près du lit un verre, une carafe d'eau, un crayon et du papier, ainsi qu'une sonnette permettant de demander de l'aide. Chaleur, aération, cal-

Page 154 : *impersonnel par nature, le lit d'hôpital devient provisoirement la «maison» du malade.*

Page 155 : *les fleurs, toujours appréciées, apportent fraîcheur et gaieté à la pièce.*

Ci-dessus : *Félix Vallotton, chef de file de l'avant-garde parisienne à la fin du siècle dernier, sut rendre un instantané de la vie dans* La Femme malade *(1892).*

Ci-contre : *le thé est un excellent fortifiant pour les convalescents. Il est ici servi au château de Glin, dans le comté de Limerick en Irlande.*

Double page suivante : *la grande salle des pauvres constitue la pièce maîtresse des Hospices de Beaune, où les religieuses soignèrent les malades dès le XVe siècle. Les lits contenaient deux patients et non trois ou quatre comme dans les autres hôpitaux. On pouvait tirer un rideau entre les lits pour apporter intimité et chaleur. Les lits faisaient face à l'autel, situé à l'extrémité de la salle, pour que les malades puissent assister à la messe de leur lit.*

me et sérénité sont des éléments importants pour le convalescent, au même titre que la lecture, un bon éclairage, un téléphone et un poste de télévision à proximité ; parfois, on installera une table de travail près du lit.

Le lit de convalescence doit apporter un sentiment de sécurité physique et affective. Les barreaux des lits d'hôpitaux permettent aux patients de se sentir protégés et empêchent tout risque de chute. Lorsque c'est nécessaire, le matelas de soutien, que l'on peut remplacer par une plaque de contreplaqué glissée sous le matelas, apporte une fermeté supplémentaire. Le lit d'une personne qui ne peut se lever devient son univers, et tout doit être fait pour qu'il reste net, propre et agréable.

Les draps doivent être de préférence en fibres naturelles – qui «respirent» et absorbent la transpiration –, d'une texture douce et agréable au toucher et d'une couleur apaisante, même pour de jeunes enfants. Pendant que l'on change les draps, on installera le malade confortablement dans une chaise, emmitouflé dans une couverture ou un édredon pour qu'il ne prenne pas froid. Pour que les draps propres soient tièdes, on les placera auparavant quelques minutes sur un radiateur, par exemple. En même temps que l'on change les draps, on change les taies, on retape les oreillers et on les replace comme il faut. Lorsqu'on remet couvertures ou couettes, il faut laisser suffisamment de place pour que le malade puisse bouger facilement pieds et jambes.

Il est préférable de placer le lit dans une chambre où le soleil ne

donne pas directement, afin de ne pas fatiguer les yeux du malade. Si possible, il vaut mieux disposer le lit «de bout», de façon à ce qu'il y ait de l'espace autour et que les personnes qui s'occupent du malade puissent l'atteindre facilement. La table de chevet (ou un petit meuble à tiroirs) doit se trouver à portée de main et ne pas être encombrée, pour qu'on ne soit pas obligé de la débarrasser à chaque repas ou soin.

Lorsque le malade doit rester à l'hôpital et non à la maison, l'attention aux détails prend plus d'importance encore. Pour rendre le séjour hospitalier plus agréable, il est bon de personnaliser autant que possible l'espace qui entoure le malade. Des fleurs, affiches, photographies, livres et jouets rendront plus chaleureux les espaces et murs vides.

Le lit d'hôpital, comme Anthony Burgess l'a décrit dans son ouvrage *Sur le lit*, n'est pas obligatoirement «une machine destinée à recevoir un organisme malade et anonyme». Il peut être un élément de mobilier agréable, conçu pour apporter un confort supplé-

Ci-dessus à gauche : *l'appartement lapis-lazuli et or de Mme Hope Nicholson, aujourd'hui disparue, est occupé par une cousine âgée. Le lit est entouré de peintures religieuses et de crucifix.*

Ci-dessus à droite : *selon certains catholiques, l'eau de Lourdes possède des vertus curatives. Chaque année, des milliers de pèlerins se rendent dans cette petite ville des Pyrénées pour se procurer un peu de cette eau miraculeuse.*

Ci-contre : *le manoir construit en 1882 pour le portraitiste John Collier appartient à la famille Hope depuis 1892. L'appartement lapis-lazuli et or de Mme Hope Nicholson fut inspiré d'une gravure trouvée dans la biographie du cardinal de Richelieu par Leloire. Plusieurs générations de la famille ont vu le jour dans ce lit.*

Ci-dessus : *la colonie de vacances «Hole in the Wall Gang Camp», qui appartient à Paul Newman, est fréquentée par des enfants cancéreux ou atteints de maladies du sang. Les lits ont un petit air de «Far West», car on a voulu différencier autant que possible l'aspect de ce camp de vacances de celui d'un hôpital. Les lits sont tous différents les uns des autres et recouverts d'une couverture en laine tissée à la main.*

À droite : *la conception du design de cette chambre d'hôpital, à Nordform en Suède, suit les préceptes de la philosophie de Rudolf Steiner : couleur, espace et matières ont été choisis pour leurs propriétés curatives.*

Ci-contre : *pour les malades des hôpitaux, le confort et l'aspect pratique sont d'une importance primordiale.*

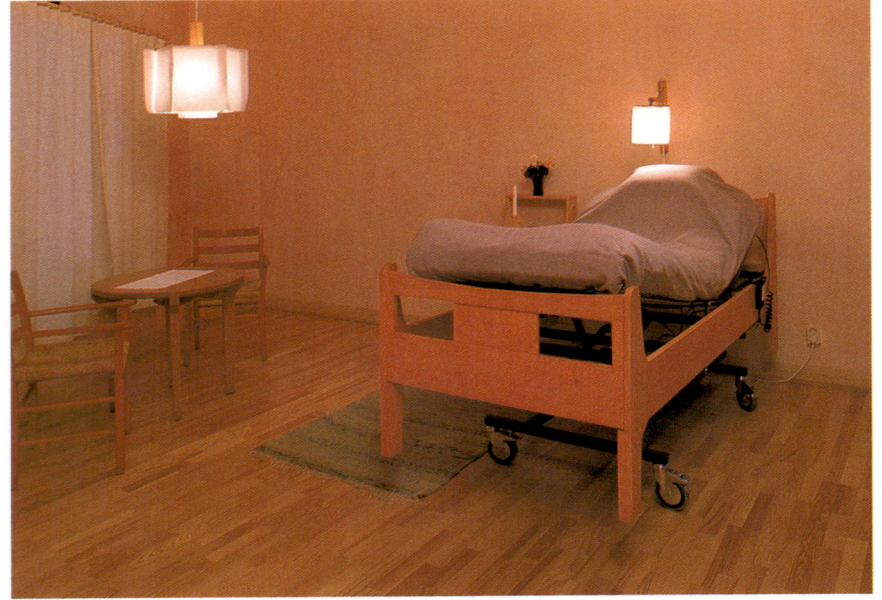

Pages 164 et 165 : *cette pièce de la maison de Mario Villa a été conçue de façon à ce qu'elle ne révèle pas de période ou de lieu particulier. Elle se contente de rappeler vaguement les styles européens des XVIe, XVIIe et XVIIIe siècles. Les deux lits de repos français, en bois sculpté, datent de la fin du XVIIIe et du début du XIXe siècle. Il se dégage de cette pièce une atmosphère calme et sereine.*

Pages 166 et 167 : *Mario Villa a disposé dans sa chambre des santos d'Amérique du Nord. Ils portent des perruques de cheveux véritables et sont habillés de vêtements qui honorent la naissance du Christ ; ce sont des objets mystiques à la fois puissants et apaisants. Grâce à eux, Mario Villa se sent protégé pendant son sommeil.*

Ci-dessus : *le divan où s'allongeaient les patients de Freud se trouve aujourd'hui dans le musée qui lui est dédié, dans le quartier de Hampstead à Londres.*

Ci-contre : *lorsque le sommeil est interrompu par la fièvre, l'angoisse ou l'insomnie, le lit reflète au matin l'agitation de la nuit.*

mentaire au patient. On peut parfois le piloter grâce à divers boutons et commandes qui permettent de soulever ou d'abaisser la tête et le pied du lit. Sur les modèles les plus sophistiqués, on peut en appuyant sur un bouton faire se déplacer un lavabo, ouvrir et fermer les fenêtres et appeler l'infirmière. À la suite d'un accident d'avion, Howard Hughes alité, déplaçait, paraît-il, son lit en appuyant sur des boutons.

Que le malade soit confiné au lit chez lui ou à l'hôpital, il est très important que son esprit reste actif et créatif. De nombreux artistes ont continué à créer alors qu'ils étaient cloués au lit : Matisse y peignait et y sculptait, Rossini y composa plusieurs opéras et Colette y écrivit bon nombre de ses romans. Alité, le poète John Milton conçut *Le Paradis perdu* tandis que ses filles transcrivaient ses vers. Marcel Proust, le plus célèbre des artistes atteints par la maladie, écrivit *La Recherche du temps perdu* au lit.

LITS INSOLITES

Les lits sont le reflet leurs occupants et révèlent la façon dont ceux-ci souhaitent dormir. Les facteurs culturels ou l'imaginaire déterminent souvent le genre de lit dans lequel nous dormons. Au Japon, par exemple, le futon est un lit d'usage courant tandis qu'en Europe on choisit plutôt d'associer un matelas ordinaire à un sommier. Pourtant, dans toutes les civilisations, certains artistes et esprits ouverts tournent le dos à la tradition et laissent libre cours à leur imagination.

Leurs lits sortent de l'ordinaire. Ils peuvent être un simple jeu de l'esprit, la réalisation ésotérique d'un rêve ou d'un fantasme, ou bien encore la recréation ou l'interprétation d'un lit d'une époque révolue ou d'une autre culture. Ils peuvent aussi nous laisser entrevoir la façon dont on dormira dans le siècle à venir.

Ce qui est la norme dans une culture se révèle parfois étrange pour une autre. Ainsi au Japon, on dort le plus souvent entre deux «futons» qui sont des sortes de couettes : le shiki (futon du dessous) et le kake (futon du dessus). Ces futons sont rangés pendant la journée dans un placard et déroulés le soir sur le tatami, une natte qui recouvre toute la pièce. Laisser le futon déroulé après le lever est considéré comme une grave négligence de la part de l'épouse.

Page 170 : le lit peut être un pur jeu de l'esprit, comme l'est ce lit de paille et de lin installé en Sicile.

Page 171 : les animaux familiers apprécient également le confort, la chaleur et la protection qu'offre un lit.

Ci-dessus : le «Lit du Maharajah» fut construit par Christofle en 1882. À chaque coin se tient une statue de femme nue en bronze peint (chacune représente l'une des femmes idéales du Rajah). Celles qui se trouvent au pied du lit tiennent un éventail en crin de cheval pour éloigner les mouches tandis qu'à la tête du lit, d'autres agitent un éventail en plumes d'oie pour rafraîchir le rajah. Le lit est en argent massif.

Ci-contre : comme sur une scène de théâtre, on peut tirer les rideaux sur toute la longueur de ce lit en métal ; la tête et le pied du lit restent ouverts. Dessiné par Massimo Morozzi pour Driade, le lit est posé sur des pieds en bois cylindriques peints en rouge.

Double page suivante : avec du carton et un pot de peinture, Geoff Howell, peintre et décorateur de théâtre et de vitrines, a créé un faux décor du XVIIIᵉ siècle. Les drapés de soie, les draps brodés à la main, le parquet, les cadres dorés, la cheminée de marbre et le candélabre allumé ont pris vie par quelques traits noirs sur fond blanc.

En Inde, on trouve aussi bien des nattes que des lits à l'occidentale. Autre couchage, le «charpoy», est un simple cadre de bois sur lequel sont entrecroisées des cordes. Extrêmement confortable, il est aussi portable, ce qui permet le soir venu, de le déplacer dans la cour pour profiter de l'air frais de la nuit. C'est aussi en Inde qu'on trouve les «planches à clous», couvertes de rangées de clous pointant vers le haut. Réservés aux ascètes hindous itinérants et aux fakirs, ces «lits» servent à montrer aux passants à quel point le fakir est capable de supporter la douleur. En 1969, le fakir Silki prétendit avoir passé cent onze jours sur une «planche à clous» à Sao Paulo, au Brésil.

L'Histoire est émaillée de lits insolites. La famille royale japonaise possédait un cadre de lit en teck admirablement sculpté, entièrement rond et posé sur quatre pieds en forme de dragon. Charlemagne avait, lui, un lit tubulaire en bronze qui l'obligeait à dormir presque assis (cette position «défensive» était très courante au Moyen Âge). Louis II de Bavière dormait quant à lui dans un lit en forme de cathédrale. Il existait en Angleterre, vers le tournant du siècle, un lit appelé «Lit Céleste» dont on prétendait qu'il avait des pouvoirs magiques : on racontait que ceux qui dormaient sur son matelas de fleurs et d'herbes aromatiques voyaient leur puissance sexuelle et leurs pouvoirs de séduction décuplés. Le célèbre lit Christofle, lit monumental en argent massif pesant une tonne, fut construit pour un prince indien en 1882. À chaque coin du lit se tenait une statue peinte de femme nue, grandeur nature, tournée vers le dormeur et portant un éventail. Ces statues aux yeux

Ci-dessus : c'est à Kamp Kill Kare, souvent considéré comme le plus superbe «lodge» des Adirondaks, au nord de l'État de New York, que se trouve ce lit-arbre réalisé en 1916 dans un arbre entier dont on retira l'écorce. La maison de rondins a probablement été construite autour de ce lit célèbre, qui se dresse jusqu'au toit.

d'émail, coiffées de perruques en cheveux véritables, étaient vraiment extraordinaires. Lorsque le maharadjah se couchait, le poids de son corps mettait en marche une boîte à musique placée dans le matelas et les statues faisaient bouger leurs éventails.

Les lits escamotables, qui se dissimulent dans un mur ou un meuble, devinrent populaires dans les classes moyennes vers le début du siècle. Ces lits, repliés dans une table, un banc, un coffre ou même un piano lorsqu'on n'en avait pas besoin, avaient ainsi

deux fonctions. Actuellement, le lit qui se replie dans le mur permet d'avoir un autre usage de la pièce pendant la journée. Ce concept de lit escamotable se retrouve dans de nombreuses civilisations et à travers les siècles. Un voyageur qui s'était rendu aux Pays-Bas écrivit qu'il avait vu un lit ressemblant à un placard, encastré dans le mur de la pièce et entouré de carreaux en terre cuite. On découvre des «niches» semblables dans les murs des ruines de Pompéi.

Souvent, ces lits inhabituels sont construits sur mesure, en fonction des besoins ou des goûts d'un client. Une femme a ainsi fait raccourcir un lit à baldaquin français très ouvragé du XVIIIe siècle pour qu'il puisse rentrer dans le sous-marin où elle habite. Les personnes très grandes ou très corpulentes commandent des lits plus grands ou renforcés. Il arrive aussi qu'on fabrique des lits minuscules. L'un des lits sur mesure les plus spectaculaires fut un lit à bal-

Ci-dessus à gauche : *deux «unités de sommeil» sont exposées dans la maquette de navette spatiale qui se trouve au Johnson Space Center, à Houston. Dans l'espace, les astronautes ont besoin d'être retenus pendant leur sommeil parce qu'ils vivent en apesanteur et n'ont donc pas de poids. Peu importe qu'ils dorment en position horizontale ou verticale : en apesanteur, on peut même dormir la tête en bas !*

Ci-dessus à droite : *en 1955, Robert Rauschenberg fixa un dessus-de-lit en patchwork, un drap et un oreiller sur un support en bois et les recouvrit de peinture pour réaliser cette œuvre, Le lit, qui exerça une influence importante sur le Pop Art.*

daquin que le régisseur Phinéas Taylor Barnum offrit au «Général Tom Pouce» (Charles Sherwood Straton) à l'occasion de son mariage en 1863 à Lavinia Warren. Ce lit en bois de rose sculpté, haut de 90 cm et long de 1,20 mètre, convenait parfaitement au jeune marié, qui mesurait tout juste 1 mètre et à sa jeune épouse de 81 cm. Ce lit est aujourd'hui exposé au musée Barnum à Bridgeport, dans le Connecticut, ainsi qu'un lit en laiton encore plus petit dans lequel dormait Tom Pouce lorsqu'il avait sept ans et ne mesurait que 63 cm.

Ci-dessus : *au Sénégal, seuls le lit en bois surélevé et la natte peuvent protéger un peu du soleil de midi.*

Ci-contre : *à Djajibinni, en Mauritanie, le lit est surmonté d'une moustiquaire. La pièce a été peinte il y a quinze ans par un membre de la famille, Fenda Gandega.*

Double page suivante : *un sac de couchage sous une tente : la chambre est prête sur le mont Roan, dans le Tennessee.*

Ci-dessus : *l'artiste Gerd Verschoor a décoré cette chambre pour son ami Rob Houtenbos, dont le nom signifie en hollandais «fagots de bois». En son honneur, Gerd a créé une tête de lit composée de plusieurs fagots de bois ; chacun représente un membre de sa famille.*

À gauche : *à Venice, en Californie, l'architecte Brian Murphy a conçu cette chambre minimaliste pour le photographe Philip Dixon. Le tatami est encastré dans une bordure en ciment.*

Ci-contre : *disposées en patchwork par l'artiste Gerd Verschoor, ces fleurs composent un couvre-lit. La tête de lit est un grillage qui entoure et protège le dormeur fictif comme il le ferait pour un jardin.*

Ci-dessus : *ce lit, dessiné par Marie-Paule Pellé, fut réalisé par un forgeron. Ses lignes évoquent une gondole flottant au milieu de la pièce. Avec ses chevets hauts et recourbés ressemblant à des ailes, il s'agit peut-être plus précisément d'un lit d'évasion, métaphore tout à fait adaptée à sa propriétaire, qui passe sa vie à voyager.*

Ci-contre : *ce lit insolite en noyer sculpté aurait appartenu à la marquise de la Païva, célèbre courtisane du siècle dernier. Il est orné de cupidons sculptés et d'une peinture représentant Léda et le Cygne.*

Double page suivante : *cette pièce troglodyte est la reconstitution de l'un des types d'habitat les plus primitifs des Flandres du siècle dernier. Elle fut occupée par un fabricant de balais, qui travaillait dans la pièce attenante. Le lit est un simple cadre en bois et la paillasse est garnie de la même paille que celle qui servait à faire les balais.*

Certaines personnes préfèrent dormir dans des lits aux formes extravagantes ; les lits ronds, en forme de cœur ou de carrés en sont un exemple assez courant. Pendant de nombreuses années, Hugh Hefner dormit dans un lit rond. Mae West aimait se reposer sur un lit doré en forme de cygne. On trouve les lits en forme de cœur dans les «suites pour lune de miel» des grands hôtels de Las Vegas.

Déjà dans l'Égypte ancienne, on fabriquait des lits en modèle réduit pour les poupées. De jolis meubles miniatures furent réalisés en harmonie avec le style de chaque époque. Ainsi, au tournant du siècle, les lits en chêne étaient très prisés en Europe et aux États-Unis. Ceux des poupées furent alors également en chêne ou en imitation chêne (bois clair ressemblant au chêne ou bois peint). Souvent, ces petits lits étaient garnis d'une literie de la taille d'une poupée et cousue à la main.

Les animaux familiers ont également bénéficié de lits sur mesure. Au XVIIIe siècle, en France, les chiens et les singes, principaux animaux de compagnie des gens fortunés de l'époque, dormaient dans de superbes modèles réduits du lit de leur maître. Il existe en Normandie une importante collection privée de lits anciens ; beau-

coup sont des lits pour chiens (qu'occupent d'ailleurs les chiens de cette collectionneuse) et sont ornés de dais et de couvre-lits.

Le désir de comprendre l'univers a conduit à son exploration et les astronautes expérimentent aujourd'hui le sommeil dans l'espace. Le lit mis au point par la Nasa est peut-être un avant-goût du futur; on peut imaginer que des colonies de terriens rendront visite à d'autres galaxies, soumises à une pesanteur différente de la nôtre. Ce qui frappe le plus lorsqu'on observe ce lit, ce sont les entraves destinées à empêcher les astronautes de flotter pendant leur sommeil en apesanteur. En effet, dans l'espace l'astronaute peut dormir dans n'importe quelle position, aussi bien la tête en bas qu'à l'horizontale ou à la verticale.

Ci-dessus : lors d'un voyage en Égypte, l'artiste et styliste Pucci de Rossi fut impressionné par les sarcophages, dont il aima la beauté imposante mais aussi la signification. Ils représentent la matérialisation du concept de l'au-delà. En intitulant son œuvre «D'ici à l'éternité», il a conçu un meuble à l'humour assez «noir», qui pourrait servir de lit de repos pendant la vie puis de cercueil pour le dernier voyage.

Ci-contre : excellent symbole du repos éternel, quoique rarement utilisé, cette tombe en forme de lit a été photographiée par Lilo Raymond dans un paisible cimetière de Nouvelle-Angleterre.

Double page suivante : le sol de la forêt, recouvert d'un tapis de mousse, paraît souvent doux et accueillant. L'artiste Gerd Verschoor a repris cette idée en construisant un véritable lit de mousse dans la forêt belge de Kaastert.

LA LITERIE

Le lit est le meuble le plus important de la maison : nous y passons un tiers de notre vie, à dormir, à aimer, à nous remettre de nos maladies. Un bon lit permet un sommeil réparateur et favorise le bien-être physique et affectif.

Les premiers matelas, les paillasses, étaient des sortes de sacs que l'on remplissait le soir, selon ses moyens et ses goûts, de paille, de crin de cheval, de laine ou de plumes. Grâce aux progrès de la médecine et de la technique, le problème de l'hygiène du lit est devenu une préoccupation croissante. L'invention du ressort métallique pendant la Révolution industrielle, puis de la mousse dans les années 40, permirent le développement du matelas à ressorts et du matelas en mousse de latex et de polyuréthane. Ils sont hygiéniques, d'entretien facile et conservent leur forme.

Le lit d'aujourd'hui est le plus souvent composé d'un matelas à ressorts et d'un sommier à lattes ou tapissier qui sert à le soutenir. Ces deux éléments peuvent être posés à même le sol, sur un cadre métallique ou encastrés dans un bois de lit. Ce dernier comporte traditionnellement un chevet et un pied fixés sur un cadre et posés sur quatre pieds (les variantes sont nombreuses et vont des lits en estrade aux lits dits de forme «exotique»). Le lit est en général en bois ou en métal. Il existe dans tous les styles pour satisfaire tous

Page 192 : *la tête de ce lit en fer doré, de 1865, est ornée d'un camée.*

Page 193 : *lit du début du siècle en fer forgé et laiton.*

Pages 194 et 195 : *cette immense chambre du château de Balthus, à Montecalvello en Italie, est meublée d'un lit doré du XVIIe siècle.*

Page 196 : *autrefois, les matelas étaient garnis de divers matériaux. On voit ici une paillasse sous un matelas de plumes.*

Page 197 : *cet original lit bleu-vert de style français, fut fabriqué en Californie dans les années 20.*

Ci-dessus à gauche : *Dorothea Lange photographia dans les années 30 cette jeune mère entassant ses quelques biens, dont un matelas, sur une camionnette.*

Ci-dessus à droite : *autrefois, on aérait les matelas comme ici à Paris.*

Ci-contre : *l'expression «faire son lit» apparut à l'époque où les gens remplissaient des sacs en tissu de paille.*

Double page suivante : *le matelas à ressorts et les oreillers de plume sont les éléments de base du lit moderne.*

les goûts. Le prix est en général fonction des matériaux, du procédé de fabrication et du style.

Il y a de nombreuses formes et dimensions de lits. La normalisation des tailles de matelas est une notion relativement récente. À lattes ou tapissiers, les sommiers ne se contentent plus de leur rôle de support. Réglables, renforcés, inclinables sur mesure, ils se perfectionnent pour s'adapter aux impératifs de tous. Les sommiers à lattes assurent un parfait soutien de la colonne vertébrale et s'adaptent à la morphologie, au poids et aux mouvements de chacun. Deux types de sommiers sont commercialisés : le sommier à lattes fixes est le plus simple et le moins cher, les lattes sont apparentes ou recouvertes d'un coutil façon «tapissier» ; le sommier à lattes mobiles montées sur un système de rotules ou de balancelles en caoutchouc. Le montage des lattes sur un système de rotules assure un mouvement vertical et une rotation latérale, opposant ainsi une plus grande résistance à l'enfoncement là où le poids du corps est le plus important. Le montage sur balancelles apporte en plus un mouvement horizontal qui coordonne celui des lattes quelle que soit la position du corps. La fabrication des matelas est devenue très sophistiquée. Souples, durs, en mousse ou à ressorts, il y en a pour toutes les morphologies. Le matelas à ressorts est le plus populaire : les ressorts sont biconiques pour les sommiers tapissiers ou à lattes fixes, leur diamètre est plus large aux extrémités qu'au

centre. Entrelacés, ils forment une nappe de soutien d'un seul tenant constituée de spires tricotées avec un fil d'acier continu. Le poids du corps est réparti sur l'ensemble, l'effet de hamac est ainsi supprimé. Ensachés un par un dans une gaine de toile, les ressorts épousent la forme des sommiers à lattes mobiles qui peuvent prendre différentes inclinaisons. Le matelas à ressorts est à associer à un sommier tapissier à cuvette. Le latex perforé avec zones de soutien et housse amovible permet un couchage ferme et moelleux. Le matelas déhoussable en laine, capitonné au carré se plie aux exigences des sommiers à lattes articulés. Les matelas sont classés selon leur largeur, qui va de 80 à 180 cm. Leur longueur est en

En haut à gauche : *on entrecroise des cordes sur le cadre de bois, ce qui permet de régler la fermeté du lit et de bien dormir. Pour rendre le lit plus ferme, on tord les cordes avec une sorte de grosse clef.*

En haut à droite : *ce lit escamotable du manoir de Skogaholm dans le parc de Skansen à Stockholm, appartenait à une baronne. On repoussait le pied pendant la journée pour laisser plus d'espace dans la pièce. Le lit a été peint dans une teinte rouge brun imitant l'acajou.*

À gauche : *ces appuis-tête africains étaient utilisés au Kenya par les Turkana pour dormir et soulager des migraines. Dans d'autres tribus, on s'en servait pour garder intactes les coiffures élaborées avec de la boue, de l'argile et des pigments naturels.*

Ci-contre : *des paillasses de coutil bleu sont empilées sur un lit de valet dans le Pavillon Haga, à Stockholm.*

Double page suivante : *Robert Homa, styliste et antiquaire, dort sur des futons en coton et des nattes japonaises traditionnelles. Pendant la journée, les futons sont repliés et rangés derrière le paravent japonais ancien. Les dessus-de-lit ont été réalisés par des membres de sa famille.*

principe de 1,90 à 2 mètres ; ils doivent permettre une liberté de mouvement de chaque côté.

    Le matelas idéal doit soutenir le dos de façon à ce que la colonne vertébrale conserve la même position qu'en station debout. Lorsqu'on achète un matelas, il est recommandé d'acquérir le sommier correspondant en même temps. Il est conseillé de le tester en s'allongeant dessus plusieurs minutes pour s'assurer qu'il a l'élasticité souhaitée. Il faut également se préoccuper du soutien à l'endroit où se concentre le poids du corps, c'est-à-dire au milieu : le matelas doit bien soutenir les parties du corps les plus lourdes. S'il s'agit d'un lit pour deux personnes, il doit être choisi par les deux «partenaires», surtout si leur taille et leur poids sont très différents.

    De la qualité de construction du matelas et du sommier dépend la durée de vie du lit. Un matelas de bonne qualité doit posséder plus de cent ressorts au mètre carré ; il comporte plusieurs épaisseurs de tissu de garniture, eux aussi de bonne qualité : mousse, fibres synthétiques, coton et autres fibres naturelles. La literie de meilleure qualité est également toujours la plus chère. En principe, on doit changer de matelas et de sommier tous les huit à dix ans.

    Il existe d'autres types de matelas : matelas en mousse, en latex,

Ci-dessus : ces lits en fonte et acier, de la fin de l'époque victorienne, construits industriellement, se popularisèrent dans les années 80 car ils étaient peu onéreux et n'attiraient pas la vermine comme les lits en bois. Leur production fut stoppée aux États-Unis après le déclenchement de la Première Guerre mondiale parce que l'on avait besoin de matière première pour les industries de guerre. Il est aujourd'hui possible d'acquérir ces lits pour une somme modique. Ils sont très souvent rouillés, mais leurs éléments sont interchangeables et peuvent être remplacés. On peut ainsi construire un grand lit en assemblant des morceaux d'autres lits.

Ci-contre : Cooperstone a dessiné ces deux lits à colonnes étroites, simples et élégants, (l'un est un original, l'autre est une copie) installés dans une chambre d'amis. Ira Howard Levy a conçu cet intérieur de style Shaker pour Deer Run, sa retraite dans le Connecticut.

Ci-dessus à gauche : *deux oiseaux encadrent une tête d'homme sur un lit de mariage napolitain en fer forgé du XIXe siècle, appelé* letto di matrimonio.

Ci-dessus au milieu : *ce lit de mariage Louis XVI, fabriqué à la main et doré, est orné de nœuds et guirlandes sculptés.*

Ci-dessus à droite : *le lit dessiné par Garouste et Bonetti évoque un arbre bourgeonnant.*

Ci-contre : *ce panneau date du XVIIIe siècle. La déesse de la fertilité, sculptée à la main, laisse supposer qu'il faisait partie d'un lit de mariage.*

en laine, à ressorts cylindriques, à ressorts ensachés et à eau (cylindres en vinyle extrafort remplis d'eau). Le matelas en mousse constitue souvent, à un prix raisonnable, une bonne solution en remplacement du matelas à ressorts. Certains possèdent une partie centrale plus dense, d'autres des couches de différents types de mousse. La mousse doit avoir une densité suffisante. Plus elle est élevée, plus la mousse est de bonne qualité. Les mousses dont les performances sont les meilleures sont le traditionnel latex et les nouveaux polyuréthanes à haute élasticité.

Le futon est une autre possibilité lorsqu'on ne désire pas un matelas traditionnel. Composé principalement de couches de coton, il peut également contenir de la laine, de la mousse et du crin. Selon les matériaux, on obtient différentes textures et qualités de soutien : les futons tout en coton sont les plus moelleux, ceux qui contiennent une couche de crin au centre sont les plus fermes. Certains futons se replient dans un canapé ou un fauteuil et sont très pratiques dans les petits appartements.

Il arrive que l'on glisse une couette entre le matelas et le drap housse lorsque l'on souhaite un confort et un moelleux supplémentaire, ou que l'on se trouve dans des régions très froides.

Le matelas d'eau moderne fut conçu en 1967 par un étudiant californien, mais il existait déjà il y a trois mille ans chez les nomades perses qui dormaient sur des peaux de chèvres remplies d'eau. Au XIXe siècle, il était utilisé dans les hôpitaux pour soulager les escarres. Aujourd'hui, on trouve le matelas ferme en vinyle, avec un manchon intérieur et un système de chauffage placé dans un

En haut : *la scène pastorale espagnole peinte sur le chevet du lit du XVIIIe siècle est le point de mire du décor de la chambre moderne conçue par Mariette Himes Gomez.*

À gauche : *ce chevet de lit catalan du XVIIIe siècle faisait vraisemblablement partie d'un lit de mariage. Il est peint de fleurs et d'un médaillon avec un cupidon au centre.*

Ci-contre : *la styliste Jessica McClintock a blanchi ce lit du XVIIIe siècle, orné de guirlandes de roses et de feuilles sculptées.*

cadre rigide. Ce type de matelas apporte toutes sortes de sensations, de « mer calme » à « mer agitée » ! Le vinyle doit être épais d'au moins cinq millimètres.

Les lits portables : matelas gonflables, en mousse, sacs de couchage, lits de camp et hamacs offrent une solution simple lorsqu'on héberge des invités occasionnels, en particulier des enfants. Les matelas gonflables se rangent dans un espace réduit et se remplissent facilement grâce à un gonfleur à pied. Les matelas en caoutchouc mousse léger se roulent quand on n'en a plus besoin. Les sacs de couchage, qui restent les lits de dépannage préférés, peuvent être utilisés seuls ou posés sur un matelas gonflable ou en mousse. Les lits de camp qu'utilisent de nombreuses armées, comprennent un cadre en acier et des crochets de suspension retenant un morceau de toile sur lequel on dort. Ils peuvent être utilisés avec ou sans matelas. Les hamacs, généralement en filet ou en toile, se suspendent à deux points fixes. Confortables et relaxants, ils permettent de se bercer agréablement. On les utilise néanmoins plus fréquemment pour se reposer ou faire la sieste que pour y passer la nuit.

Ci-dessus à gauche : *ce fauteuil anglais du XVIIIe siècle se déplie et se transforme en lit pour les invités d'une nuit. On abaisse le dossier et les accoudoirs, on visse des pieds démontables sous la partie à lattes, et le fauteuil devient lit.*

Ci-dessus à droite : *la chambre d'amis de style gustavien au manoir de Skogaholm, dans le parc de Skansen à Stockholm, est meublée d'un lit de voyage pliant en acier. La pièce est tapissée de tentures murales en lin qui datent de 1793.*

Ci-contre : *ce canapé fabriqué sur mesure, dans la maison Zorn à Mora, en Suède, sert aussi de lit de dépannage.*

Double page suivante : *ce lit de style Empire, recouvert de toile de Jouy néo-gothique, se trouve dans l'appartement du photographe François Halard, à Manhattan. Le mélange de tissus et garnitures contribue à la grâce et la beauté de cette chambre.*

DRAPS, COUVERTURES ET ÉDREDONS

Depuis des siècles, les draps, taies d'oreillers, couvertures, dessus-de-lits et édredons contribuent à un sommeil de qualité. Ils possèdent souvent aussi une valeur sentimentale. Les beaux draps brodés à la main, généralement considérés comme des biens de famille, se transmettent de génération en génération. Ils sont la survivance du travail des femmes qui autrefois tissaient, brodaient et entretenaient les draps de lin.

Le trousseau de la jeune mariée est une tradition dans de nombreuses régions du monde. Autrefois, la plupart des mariages étaient arrangés. Quelques instants après la naissance d'une fille, son mariage était planifié, et les femmes de la famille se mettaient presque aussitôt à préparer son trousseau. La réalisation des draps de lin, serviettes, couvre-lits et taies d'oreiller occupait l'existence de nombreuses femmes.

Les parures de lit ont toujours été onéreuses. En France, au XVIIIe siècle, le trousseau d'une jeune fille de condition modeste se limitait à un drap et un oreiller, alors que dans les familles riches, il pouvait comporter douze paires de draps. Comme on peut l'imaginer, sou-

Page 216 : *on voit sur ce gros plan la magnificence du lit doré de l'impératrice au château de Compiègne.*

Page 217 : *les draps immaculés, élégamment ornés d'un ruban de satin, et l'édredon piqué jaune viennent de chez Porthault.*

Pages 218 et 219 : *ces rideaux de lourde mousseline de soie et de chiffon de soie brodé de fils d'or font partie de l'impressionnant dais du lit de l'impératrice, au château de Compiègne.*

Page 220 : *dans la maison de campagne de Raymond Waites, des hortensias séchés ont été suspendus à côté de quilts anciens.*

Page 221 : *ce lit de la ferme sise dans le parc de Skansen à Stockholm est recouvert de couvre-lits tissés aux couleurs vives.*

Ci-dessus : *ces aquarelles de Pamela Kogen montrent quelques exemples de la variété des dais et garnitures courants en France au XVIIe et XVIIIe siècles.*

Ci-contre : *les rideaux du lit de style gustavien, dans le manoir de Skogaholm à Stockholm, sont en filet de coton blanc. La chaise porte la signature de l'ébéniste Erik Ohrmark, de Stockholm.*

vent les moins fortunées n'avaient pas de drap du tout. Certaines dormaient sur de la toile grossière, d'autres mettaient à plat, rapiéçaient et rassemblaient des morceaux de lin récupérés sur des vêtements donnés par les riches.

Dans certaines parties du monde, le drap a parfois joué un rôle dans les rites de mariage. Dans les petits villages de Grèce, les jeunes mariés suspendaient autrefois leurs draps à l'extérieur de la chambre le lendemain de la noce pour apporter la preuve de la vertu de la jeune mariée.

Les draps peuvent être dans de nombreuses matières. La qualité du tissu dépend de la finesse des fils ; plus le nombre de fils au centimètre est élevé, meilleure est la qualité du tissu. Entre 120 et 140 fils au centimètre, on a un drap doux et fin, quoique solide. Les draps de la meilleure qualité, qui sont aussi les plus chers, sont en lin. Le lin, filé à partir du chanvre, reste frais sur la peau, ce qui le rend parfaitement adapté pour les mois d'été ou les climats chauds. Les draps de lin sont un investissement à long terme : deux paires de beaux draps de lin peuvent durer vingt ans.

Les draps de soie sont également durables et onéreux. Chauds en hiver, ils ont un aspect et un contact luxueux.

Le coton est la fibre la plus courante, soit seul soit mélangé avec du lin, de la soie ou du polyester. Les draps en pur coton sont absorbants, pratiques sous tous les climats et durables ; en outre, avec le temps, leur contact avec la peau devient plus agréable. On trouve également des draps en flanelle de coton, avec une surface duveteuse qui les rend plus chauds, plus confortables et plus doux.

Pour faire le lit, on utilise en général deux draps : un drap-housse, qui s'ajuste au contour du matelas, et un drap de dessus, qui se pose au-dessus du drap-housse et sous les couvertures et dessus-de-lit. Les draps-housse sont parfois de taille supérieure pour les matelas très épais ou quand s'intercale une couette ou un molleton.

Les enveloppes d'oreiller comprennent les housses de protection et les taies. On place d'abord l'oreiller dans une housse protectrice (taie pourvue d'une fermeture éclair qui protège l'oreiller) puis on le glisse dans une taie d'oreiller.

Par-dessus les draps viennent les couvertures, les couettes, les

Ci-dessus à gauche : dans un château du siècle dernier situé à Meursault, le lit français à couronne en acajou, de style Empire, est encore utilisé.

Ci-dessus à droite : des rideaux en lin imprimé entourent le chevet d'un lit pliant dans le manoir de Skogaholm. L'imprimé s'inspire d'un tissu original trouvé dans un palais de Stockholm.

Ci-contre : les rideaux du lit de valet, au Pavillon Haga à Stockholm, permettent de s'isoler complètement du reste de la pièce.

édredons, les dessus-de-lit, les quilts. Une bonne couverture doit être à la fois légère et chaude. Les plus courantes sont les couvertures de laine (il en existe en coton pour l'été). Les plus chaudes sont en laine mérinos, en cachemire ou en mohair. On peut citer aussi les traditionnels plaids en laine écossais et gallois, les couvertures tissées artisanales et les jetés de lit en laine brodée. Évitez les couvertures en fibres synthétiques, car elles ont tendance à perdre leur gonflant une fois lavées. Dans les régions froides, on utilise souvent en hiver des couvertures électriques mais parfois encore les briques et autres bouillottes.

Un jeté de lit, fait d'un tissu plus épais que les draps, est utilisé par-dessus la couverture pour la protéger de la poussière. L'été ou dans les climats chauds, il peut remplacer la couverture. Tissu lourd en coton ou ressemblant à la tapisserie, en chenille, en dentelle, en laine tricotée ou au crochet, le dessus-de-lit apporte la touche finale à la décoration.

Autrefois dessus-de-lit des familles pauvres aux États-Unis, les quilts (patchwork) sont aujourd'hui considérés comme des œuvres d'art populaire, et les modèles anciens se vendent plusieurs dizaines

Ci-dessus : *ce lit Louis XVI, recouvert d'une indienne bleue et blanche, fait partie de la collection de Lillian Williams, en Normandie. Les murs de la chambre ont été peints à la main.*

Ci-contre : *le «lit de glace» de Barbara Tober, est tendu de dentelles fines et recouvert d'un charmant amoncellement d'oreillers recouverts de tissus anciens et contemporains.*

Double page suivante : *ces très beaux tissus anciens brodés forment un décor de choix dans la chambre de la maison de Tom Booth, décorée par le styliste William Walter.*

Ci-dessus : *dans la chambre principale d'une maison conçue par John Saladino, le lit a été recouvert d'oreillers et de draps en lin aux somptueux coloris pastel.*

Ci-contre : *dans l'hôtel Paramount, à Manhattan, les oreillers en coton nervuré bordés d'un galon noir et blanc sont toujours impeccablement disposés.*

de milliers de francs. Lorsque les premiers colons quittèrent l'Europe pour l'Amérique, ils emportèrent avec eux leurs couvre-lits molletonnés. En raison de la pénurie de tissu pendant les premières années de leur séjour dans le Nouveau Monde, les femmes les rapiécèrent par petits morceaux au fur et à mesure qu'ils s'usaient et c'est ainsi que dès le XVIIIe siècle, la fabrication des quilts en patchwork devint une tradition parmi les «pionnières». Le quilt, habituellement en coton ou en laine, est composé de deux épaisseurs de tissu entre lesquelles on intercale du molleton.

Cousine de l'édredon de nos campagnes, qui possède encore de nombreux adeptes, la couette est un couvre-lit piqué garni de duvet ou de plumes. Très utilisée en Scandinavie et en Europe de l'Est, elle devient de plus en plus courante en Europe. Idéalement, elle doit être plus large que le matelas d'au moins 45 centimètres. Sa chaleur est agréable, elle est très légère et emmagasine peu de poussière. Étant donné ses qualités d'isolation, elle remplace les couvertures. Faire son lit devient l'affaire de quelques secondes, ce qui explique qu'elle soit si appréciée pour les chambres d'enfants. La meilleure garniture naturelle est le duvet d'oie ou de canard. Ensuite,

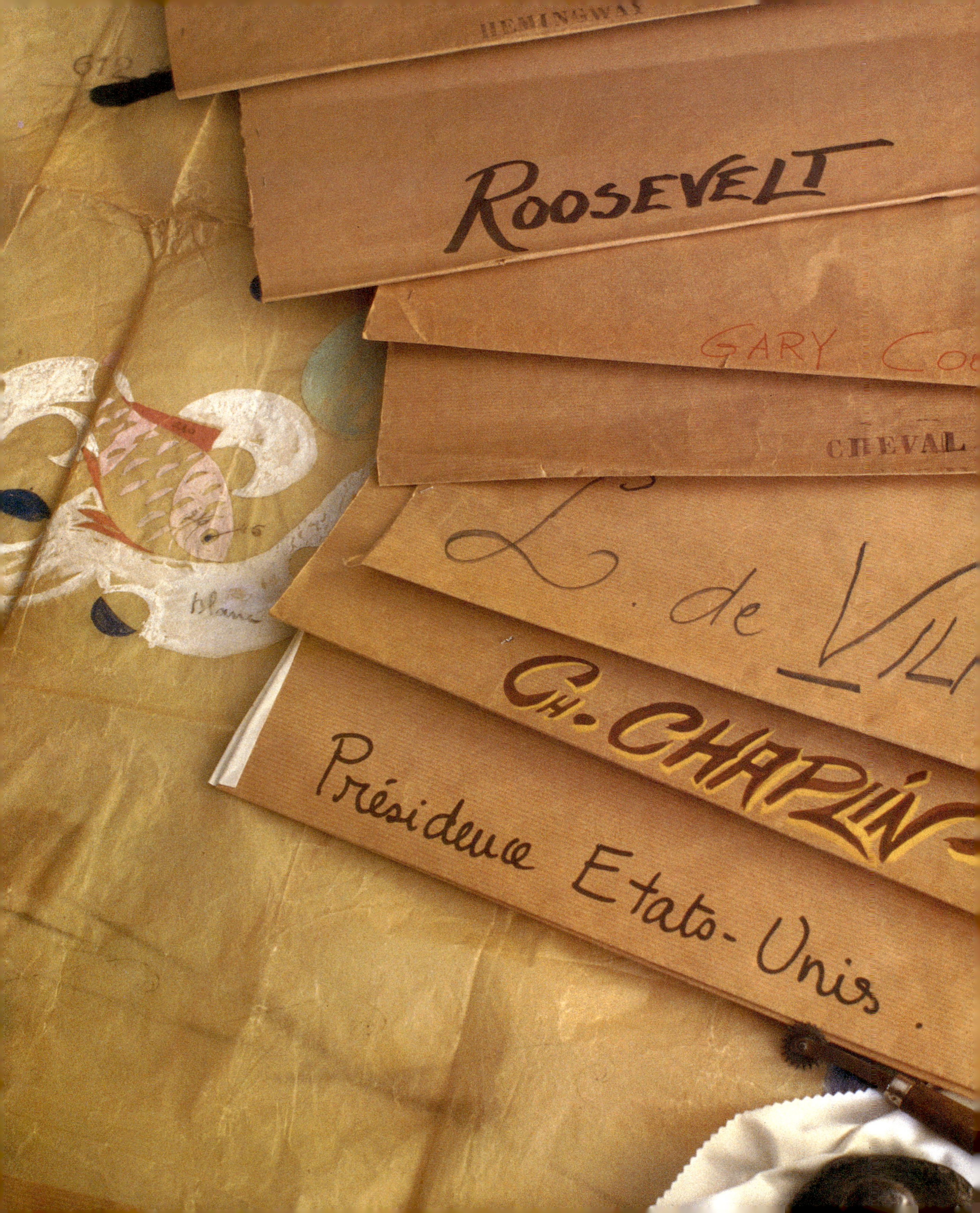
HEMINGWAY
ROOSEVELT
GARY CO
CHEVAL
L. de VIL
Ch. CHAPLIN
Présidence Etats-Unis .

Ci-dessus à gauche : *chaque parure de chez Porthault est une œuvre d'art originale. Avant d'être transférés sur les draps, les motifs sont créés et travaillés sur le papier.*

Ci-dessus à droite : *dans une des chambres d'amis de la maison des Porthault, à Émance, le lit drapé est recouvert d'un imprimé baptisé «Les Bouches».*

À gauche : *un imprimé des années 30, «Les Bleus Roses», orne une chambre d'amis des Porthault, à Émance.*

Ci-contre : *ces quelques dossiers, provenant des archives de Porthault, donnent un aperçu de la clientèle illustre de cet établissement.*

Double page suivante : *le lit de la chambre de Bette Midler s'inspire du mobilier de Charles Rennie Mackintosh. Bette Midler fait collection de quilts, l'un d'eux recouvre le lit.*

viennent les mélanges «duvet et plumes», avec une proportion supérieure de duvet et «plumes et duvet» où la proportion est inverse. Plus la quantité de duvet est importante, plus la couette est chaude. Il est conseillé de l'aérer de temps en temps et lorsque c'est nécessaire, de la faire nettoyer à sec. On trouve aussi des garnitures en fibres synthétiques qui ont pour avantages d'être anallergiques et de se laver facilement.

Pour protéger la couette, on la glisse dans une housse, qui remplace le drap de dessus et peut faire en même temps office de dessus-de-lit. Elle se ferme par des boutons, des pressions ou simplement en se repliant ; elle est aussi facile à laver qu'un drap.

Enfin, n'oublions pas les protège-matelas et molletons, qui existent en coton, en laine ou en mousse, et les protège-sommier, dont certains très décoratifs possèdent des «jupons» volantés qui vont jusqu'à terre.

Entretien et lavage des draps anciens
Les draps du début du siècle sont souvent tachés par la rouille, l'oxydation, ou les aliments. Si vous possédez des draps dignes d'appartenir à un musée, il est préférable de les donner à nettoyer à un professionnel. La plupart des draps anciens, cependant, supportent un blanchissage délicat.

Lorsque le drap est taché, mettez-le dans l'eau chaude et laissez-le tremper jusqu'à ce que l'eau soit froide. S'il est encore sale, recommencez l'opération. Si les taches persistent, appliquez dessus un détergent doux et lavez le drap à la main avec du savon de Marseille. N'utilisez pas d'eau de Javel. Ne frottez pas le tissu ; les remous de l'eau devraient suffire à le nettoyer. Le drap peut être séché à la machine quelques minutes pour retirer l'excès d'eau et les plis, puis étendu sur une corde à linge.

Le repassage est plus efficace lorsque le tissu est encore humide. Placez le côté brodé sur une planche à repasser recouverte de tissu éponge pour ne pas l'abîmer. Repassez toujours dans le sens du fil pour éviter les déformations, en lissant de la main, sans tirer le tissu. Vous pouvez ne repasser que les parties qui seront visibles et placer le drap sous d'autres draps ou serviettes dans l'armoire. Leur poids fera disparaître les plis restants.

Les draps dont vous ne vous servez pas pendant une longue période, doivent être enveloppés de papier kraft et rangés dans une boîte doublée de mousseline écrue. Il vous faudra les laver et les faire sécher à l'air une ou deux fois par an pour éviter que les plis ne moisissent.

On trouve des dessus-de-lit en patchwork dans des magasins spécialisés et chez certains brocanteurs. Les modèles anciens, œuvres collectives, sont un exemple unique de l'artisanat familial américain.

Ci-dessus : *Patrizia Anichini est fabricante de linge de maison. Elle est aussi collectionneuse et a installé dans son loft ces couvre-lits et draps anciens. Quand on ne s'en sert pas, il est préférable de les suspendre à des portants spéciaux qui laissent passer l'air.*

À droite : *ce placard à linge appartient à la styliste Jan Dutton, qui dirige la fabrique de linge «Paper White». Un de ses grands plaisirs est de décorer un lit à la manière dont un peintre aborde un tableau : elle choisit parmi sa gigantesque collection de draps et de couvre-lits les couleurs et les matières avec lesquelles elle composera le lit.*

Ci-contre : *parmi ces spécimens anciens appartenant à la collection de Madeleine Porthault, des parures de lit en crêpe de Chine rose brodées de dentelle Richelieu, des draps brodés à la main au point de Beauvais et des draps bordés de dentelle de Venise beige.*

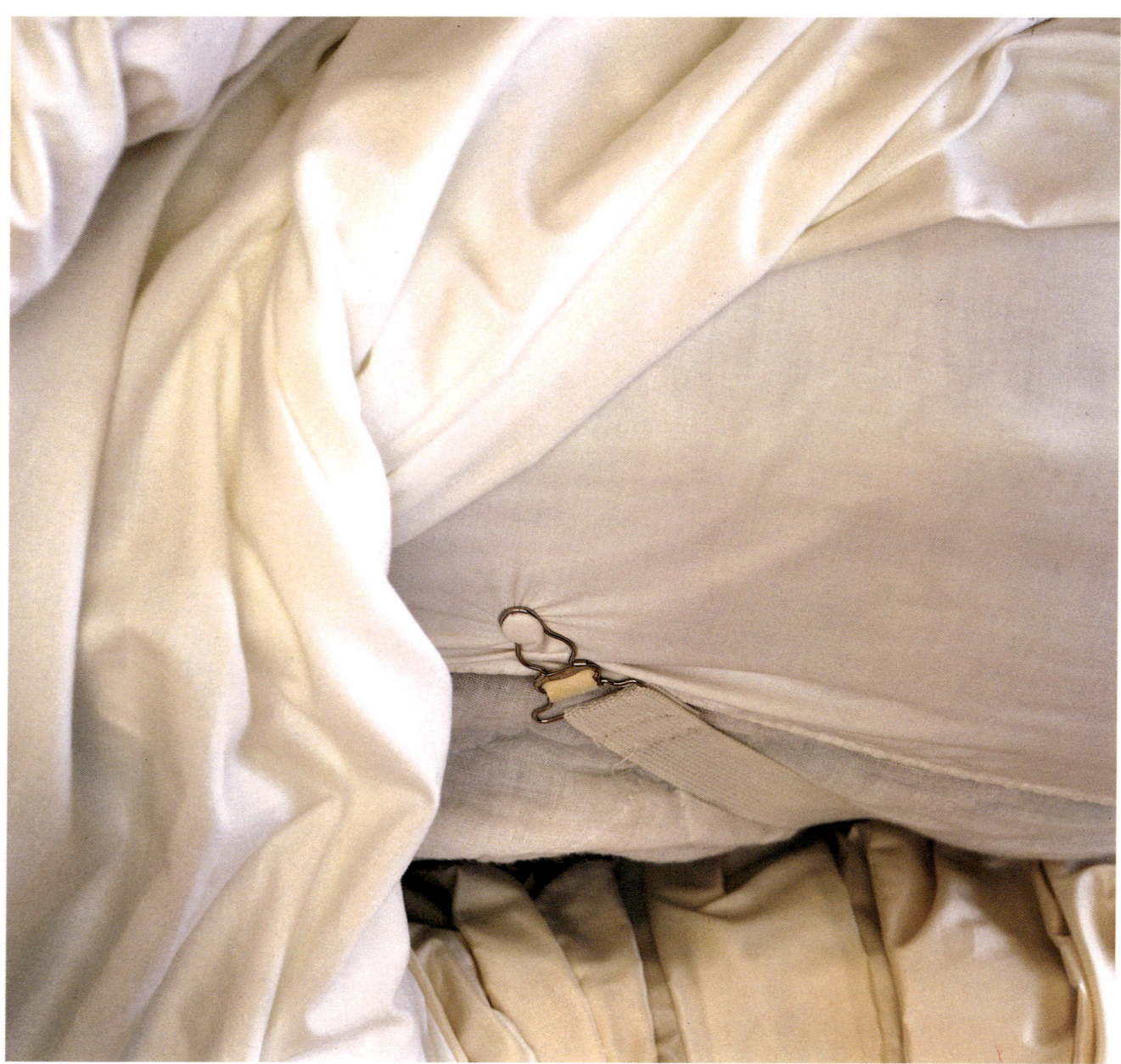

Ci-dessus : *pour que le drap soit bien tendu, ces «bretelles à draps» sont glissées sous le matelas et fixées au drap de dessous.*

Ci-contre : *l'oreiller en plumes attend d'être aéré et le sac empli de draps est prêt à partir au blanchissage.*

Double page suivante : *rien n'est plus doux que les draps qui ont séché au soleil et à l'air, sur une corde à linge.*

RÉPERTOIRE

FABRICANTS DE MATELAS
ET DE SOMMIERS

Société Albério
15, rue Planchat
75020 Paris
Tél. 43 70 48 77

Société Benoist
8, Cité de l'Ameublement
75011 Paris
Tél. 43 72 76 00

Sarl Colona
40, rue Debussy
17000 La Rochelle
Tél. (16) 46 27 11 10

Société Davilaine
Lestitut
56300 Pontivy
Tél. (16) 97 25 06 35

Société Dunlop France
Division Dunlopillo
B.P. 1028
78202 Mantes-la-Jolie
Cedex
Tél. 34 79 40 00

Société Duvivier
Joussé
86350 Usson-du-Poitou
Tél. (16) 49 87 81 02

Société Épéda Bertrand
Faure
5, rue Auguste-Brunot
78150 Rocquencourt
Tél. 39 63 64 65

Page 244 : *ce lit de mariage vénitien du XVIIIe siècle, sculpté à la main, a été en partie restauré. Il fait partie de la collection d'Iris Barrel Apfel. La scène de carnaval peinte sur la tête de lit est d'origine.*

Page 245 : *une étoile à la feuille d'or pend au-dessus d'un lit de repos dessiné par Feldman-Hagan et Howard Christian.*

Pages 246 et 247 : *Lilo Raymond photographia ce lit à Amagansett pendant l'été 1977.*

Société Feuchter
60, rue Krautwiller
67170 Brumath
Tél. (16) 88 51 02 80

Société Générale Française
de la Literie
"Le Bord'eau"
72530 Yvre L'Évêque
Tél. (16) 43 76 13 00

Société Hypnos
Division Mondial
6, rue Yves-Toudic
B.P. 611
69638 Vénissieux Cedex
Tél. (16) 72 50 93 63

Société Maceron
8bis, Grande-Rue
95270 Asnière-sur-Oise
Tél. 30 35 85 47

Société Matéco
B.P. 46
59562 La Madeleine Cedex
Tél. (16) 20 55 14 98

Société Matress Limousin
Moulin de la Pareix
Route de la Cascade
23400 Bourganeuf
Tél. 55 64 04 17

Société Mérinos
B.P. 91
17, rue de la Sabretache
78151 Le Chesnay Cedex
Tél. 39 63 65 67

Société Onrev
69, Route de Cholet
85290 Mortague-sur-Sèvre
Tél. (16) 51 65 12 15

Société Pirelli
3, rue Scribe
75009 Paris
Tél. 47 42 19 29

Société Recticel
Literie Bultex
6, bd du Général-Leclerc
92115 Clichy-la-Garenne
Tél. 47 39 32 88

Créations André Renault SA

Z.I. Beausoleil
Route de Missillac B.P. 8
44530 Saint-Gildas-des-Bois
Tél. (16) 40 01 42 87

Société Sardem
B.P. 204
07002 Privas Cedex
Tél. (16) 75 64 10 44

Société Simmons
6-10, quai de Seine
93206 Saint Denis Cedex 01
Tél. 48 20 61 78

Société Tréca
10, rue de la Pépinière
78008 Paris
Tél. 44 70 18 03

FABRICANTS DE LITERIE

Société Abeil
Z.A.C. de Baradel
15000 Aurillac
Tél. (16) 71 48 03 33

Manufacture Castex
B.P. 36
40100 Dax
Tél. (16) 58 74 74 93

Société La Couverture
Piquée Dodo
25, rue du Maréchal-Foch
57502 Saint Avold
Tél. (16) 87 91 16 16

Société Drouault
84, rue Constant -Drouault
72018 Le Mans Cedex
Tél. (16) 20 51 80 28

Sifal-Société Duflot
48, rue Gustave -Scrive
B.P. 227
59563 La Madeleine Cedex
Tél. (16) 20 51 80 28

Société Dumas
138, rue du Général-Campenon
89700 Tonnerre
Tél. (16) 86 55 06 67

Société Lestra Design
Nazelles B.P. 305
37403 Amboise Cedex
Tél. (16) 47 57 01 35

Société l'Heureux Delefosse
61, rue du Lieutenant-Giard
62710 Courrières
Tél. (16) 21 75 93 93

Société M.T.A. Soyer
1, bd Pierre-Larousse
89130 Toucy
Tél. (16) 86 44 08 12

Manufacture Européenne
de Literie Pyrenex
Z.I. de l'Adour
40500 Saint Sever
Tél. (16) 58 76 03 40

Société Topiol
24, rue de la Voie-des-Bans
95104 Argenteuil Cedex
Tél. 39 82 09 65

Manufacture de Plumes et
de Duvets de Tournus
Rue de la Féculerie
71700 Tournus
Tél. (16) 85 32 54 54

Société Willefert
42, rue Nationale
59112 Annœullin
Tél. (16) 20 85 58 26

ADRESSE UTILE

Chambre Syndicale
Nationale de la Literie
6, av du Coq
75009 Paris
Tél. 42 85 44 33
Fax 42 81 06 65

NÉGOCIANTS MEUBLES ET
LITERIE À PARIS

Ameublement Gilles
71, av Daumesnil
75009 Paris
Tél. 43 43 41 93

Artisan Tapissier (L')

108, av Ledru Rollin
75011 Paris
Tél. 43 38 03 03

Atelier de la Literie
101, rue de la Croix- Nivert
75015 Paris
Tél. 45 31 40 56
Au Matelas Choisis
77, av d'Italie
75013 Paris
Tél. 45 84 46 77

Baur (Ets)
38, av Richard-Lenoir
75015 Paris
Tél. 47 00 09 89

Bazé Claude
28, bd Gouvion-Saint-Cyr
75017 Paris
45 74 78 64

Bellino Literie
33, rue Cler
75007 Paris
Tél. 45 56 15 35

Bonavent (Sté)
185, av Jean-Jaurès
75019 Paris
42 41 57 02

Brazet et Cie
22, rue des Belles-Feuilles
75116 Paris
Tél. 47 27 20 89

Capelou (Éts)
37, av de la République
75011 Paris
Tél. 43 57 46 35

Centre Leclerc
3, rue Villebois-Mareuil
75017 Paris
Tél. 45 72 27 99

Charron Alain
8, rue Rennequin
75017 Paris
Tél. 47 63 85 60

Compagnie du Lit (La)
90, av Paul-Doumer
75016 Paris
Tél. 42 30 93 93

45, rue Caumartin
75009 Paris
Tél. 47 42 99 99
15, av de la République
75011 Paris
Tél. 43 38 93 93

Compagnie du Lit-Aakso (La)
91,bd Raspail
75006 Paris
Tél. 42 22 51 51

Conseil-Literie
90, rue Legendre
75017 Paris
Tél. 42 28 44 28

Cotton Company
104, bd de Grenelle
75015 Paris
Tél. 45 77 82 94
55, rue Jouffroy
75017 Paris
Tél. 47 66 89 96

Coulon et Fils
16, rue Bassano
75116 Paris
Tél. 47 20 03 84

Descamps
115, av St Dominique
75007 Paris
Tél. 45 51 58 64
44, rue de Passy
75016 Paris
Tél. 42 88 10 01
38, av des Ternes
75017 Paris
Tél. 45 72 27 60
5, av du Trône
75011 Paris
Tél. 43 73 03 57
4, rue Donizetti
75016 Paris
Tél. 42 88 1419
Centre commercial Beaugrenelle
16, rue Linois
75015 Paris
Tél. 45 75 89 33

Décor Saint-Jacques
8, rue de la Tombe-Issoire
75014 Paris
Tél. 45 88 83 38

Delucchi-Otello
42, rue Avron
75020 Paris
Tél. 43 73 30 00

Diot Jean-Claude
33, av Claude-Tillier
75012 Paris
Tél. 43 72 42 57

Dubois Georges
5, rue Jacques-Louvel-Tessier
75010 Paris
Tél. 42 08 38 88

Dunlopillo Atelier de la Literie
101, rue de la Croix-Nivert
75015 Paris
Tél. 45 31 40 56
46, bd Brune
75014 Paris
Tél. 45 43 70 08

Épéda Atelier de la Literie
101, rue de la Croix-Nivert
75015 Paris
Tél. 45 43 70 08
46, bd Brune
75014 Paris
Tél. 45 43 70 08

Flex-O-Forme
51, rue Chabrol
75014 Paris
Tél. 42 46 42 00

Futton Company France
130, av de Versailles
75016 Paris
Tél. 45 20 19 39
55, rue Jouffroy
75017 Paris
Tél. 47 66 89 96

Galerie du Mobilier
71, bd Barbès
75018 Paris
Tél. 46 06 00 63

Garnéro André
46, bd Brune
75014 Paris
Tél. 45 43 70 08

Garnéro Jean

66, av de Suffren
75015 Paris
Tél. 47 34 71 81

Garnéro
24, rue Lauriston
75116 Paris
Tél. 45 53 07 34
8, bd Delessert
75016 Paris
Tél. 45 20 45 58

Géka Meubles
25, bd Barbès
75018 Paris
Tél. 46 06 46 24

Gilles Michel
2, rue Pascal
75005 Paris
Tél. 43 31 82 03

Lattoflex
99, av du Maine
75014 Paris
Tél. 43 22 33 44
47, rue du Fbg St Antoine
75011 Paris
Tél. 43 43 23 19
91, bd Raspail
75006 Paris
Tél. 42 22 51 51

Léobert (Éts)
75bis, rue de Charonne
75011 Paris
Tél. 43 71 70 05

Lit National
2, place du Trocadéro
75116 Paris
Tél. 45 53 33 55
89, av Kléber
75116 Paris
Tél. 47 55 80 04

Literie Bordelaise Deshors
183, bd Murat
75016 Paris
Tél. 45 27 82 35

Literie du 12e
36, bd de Reuilly
75012 Paris
Tél. 43 46 84 06

Literie du Nord (Sté La)

2, rue de Compiègne
75010 Paris
Tél. 48 78 49 97

Literie Duhesme Larapidie
34, rue Duhesme
75018 Paris
Tél. 46 06 23 52

Literie Gilles
2, rue Pascal
75005 Paris
Tél. 43 31 82 03

Literie Ornano
65, bd Ornano
75018 Paris
Tél. 46 06 56 51

Literie Suffren
66, av de Suffren
75015 Paris
Tél. 47 34 71 81

Loncle Ameublement
37, av d'Italie
75013 Paris
Tél. 45 86 49 24

M.E. Ameublement
5, rue de Guadeloupe
75018 Paris
Tél. 46 07 13 69

Maison du Rangement (La)
5, rue du Renard
75004 Paris
Tél. 48 87 66 50

Manin Anna
9, rue Mérimée
75016 Paris
Tél. 45 53 30 57

Matelassure Française (La)
36, bd de Reuilly
75012 Paris
Tél. 43 46 77 50

Mazel (Sté Literie)
59, bd de Ménilmontant
75011 Paris
Tél. 47 00 63 39
226, rue Championnet
75018 Paris
Tél. 46 27 92 22

Mazel Équipement
59, bd de Ménilmontant
75011 Paris
Tél. 47 00 63 39

Merisier de Qualité
146, bd Magenta
75010 Paris
Tél. 48 78 57 36

Mondo
85, bd Beaumarchais
75003 Paris
Tél. 48 04 04 02

Nation Literie
19, av Philippe-Auguste
75011 Paris
Tél. 43 70 11 35
92, rue St Lazare
75009 Paris
Tél. 40 16 16 11

Petit Trianon (Au)
89, rue Pelleport
75020 Paris
Tél. 43 64 95 27

Petite Berthe
7, place St Pierre
75018 Paris
Tél. 46 06 45 72

Roche P. et Cie
38, rue St Sabin
75011 Paris
Tél. 47 00 23 12

Sarraute Jean-Paul
4, rue Edmond-About
75016 Paris
Tél. 45 04 09 70

Sauvel
25, rue Desnouettes
75015 Paris
Tél. 42 50 29 92

Sissel France
29, rue Davioud
75016 Paris
Tél. 42 88 26 02

Sommeil et Santé
2, bd Bessières
75017 Paris
Tél. 46 27 32 39

Swissflex André Soskin
99, av du Maine
75014 Paris
Tél. 43 22 33 44

Swissflex Top Sommeil
50, rue Caulaincourt
75018 Paris
Tél. 42 55 47 00

Tai
49, rue des Vinaigriers
75010 Paris
Tél. 40 36 53 98

Tatami Omoré (Sarl)
76, av Ledru-Rollin
75012 Paris
Tél. 43 45 40 28

Ternes Textiles
3, rue Villebois-Mareuil
75017 Paris
Tél. 45 72 27 99

Top Sommeil
50, rue Caulaincourt
75018 Paris
Tél. 42 55 47 00

Tréca Atelier de la Literie
101, rue de la Croix-Nivert
75015 Paris
Tél. 45 31 40 56
46, bd Brune
75014 Paris
Tél. 45 43 70 08

Villeroy Jean-Pierre
68, rue du Père-Corentin
75014 Paris
Tél. 45 40 97 86

Grands Magasins

BHV
1, rue des Archives
75004 Paris
119, rue de Flandre
75019

Bon Marché
22, rue de Sèvres
75007 Paris

Conforama
2, rue du Pont-Neuf
75001 Paris

But
Kremlin-Bicêtre
94270

Galeries Lafayette
40, bd Haussmann
75009 Paris
22, rue du Départ
75015 Paris

Printemps
64, bd Haussmann
75009 Paris

Samaritaine
75, rue de Rivoli
75009 Paris
25, cours de Vincennes
75020 Paris
63, rue de Malte
75011 Paris

Négociants meubles et literie en province

Airlit Litaix
13100 Aix en Provence

Ambiance Lévitan
11000 Narbonne

Armor Literie
35000 Rennes

Atlas-Jima
02100 Saint-Quentin

Bertela
83079 Toulon

Bouticonfort
13114 Marseille

Boutique du Sommeil
42000 Saint Étienne

Central Ameublement
14000 Caen

Charbit-Logimob
24000 Bergerac

Compagnie Lorraine de Literie
57000 Metz

Confort, Literie,

250

Ameublement
73000 Chambery

De Tonge
06400 Cannes

Déco Meubles
29000 Quimper

Dreux Mobilier
28100 Dreux

Établissements Aubrun
18000 Bourges

Étoile 2000
27000 Évreux

Euro Confort
30000 Nimes

Euro Confort
56300 Pontivy

Ferchaud
17000 La Rochelle

France Ameublement
76600 Le Havre

France Literie
59139 Wattignies

France Literie
80000 Amiens

Galerie 117
21000 Dijon

Galerie 2000
74000 Annecy

Galerie du Mobilier
International
67000 Strasbourg

Géant du Meuble
06000 Nice
25000 Besançon
51100 Reims
6000 Beauvais

Hall du Meuble
26200 Montélimar
Le Quemener
56300 Lorient

Lit de France
06000 Nice

Literie 3 D
69000 Lyon

Literie Dauphinoise
38000 Grenoble

Literie Service
54000 Nancy

Logial Meubles
28000 Chartres

Logimob
10000 Troyes

Meublena
13114 Marseille
65000 Tarbes

Meublena Sonec
06000 Nice

Meubles 2000
06500 Menton

Meubles Chaillou
16000 Angoulême

Meubles d'Aquitaine
33000 Bordeaux

Mobilier de France
12000 Rodez
31200 Toulouse
69000 Lyon

Monier Meubles
63800 Cournon

Monsieur Meuble
07200 Aubenas
13400 Aubagne
29200 Brest
37170 Chambray-les-Tours
45770 Saran
64600 Anglet

Promo Nuit Literie
35000 Rennes

Rambault Meubles
49100 Angers

Royal Meuble Leuran
62100 Calais
Socomob
01000 Bourg-en-Bresse

Univers du Sommeil
72100 Le Mans

REMERCIEMENTS

Les personnes qui m'ont apporté leur soutien et leurs encouragements sont nombreuses, et je tiens à les mentionner ici. Je remercie avec une profonde gratitude ceux qui ont participé à mon projet et lui ont permis de prendre corps : mon grand ami Robyn Glaser, Gerd Verschoor, Paul Siskin, Peroucho Valls, Geoff Howell, Howard Christian, William Walter, Bienne Burckhardt, Pamela Kogen, Marilyn Glass, Arthur Williams, Joe Staiano, Oberto Gili, William Waldron, François Halard, Tim Street-Porter, Margaret Courtney-Clarke, John Hall, Fritz von der Schulenberg, Pascal Chevallier, Alexandre Bailhache, Evelyn Hofer, Robert Benson et Richard Davies.

Je remercie mes assistants Cara Sadownick, Caroline Jouve Le Got et Amelia Dare pour leur grand dévouement. Debra Jason égaye ma vie et mon travail. Je souhaite rendre hommage à d'autres amis : Stephen Rhindress, Stephen Donelian, George Ross, Lewis Bloom, Sheri Sussman, Donna Chance, Jeannel Astarita, Tom Panizzi, Tom McWilliam et Millie Martini. Merci également à Paule, Leonard, Antonin, Garance, Lolo, Sylvia, Apollo et à Tout Pour le Ménage pour leur collaboration et le développement des photos.

J'éprouve une grande reconnaissance pour Marc et Françoise Porthault qui m'ont toujours soutenue. Merci à Fiona Donnelly pour ses recherches et ses remarques utiles, à Elizabeth Stapen du Swedish Information Service, Nancy Butler, Iris et Carl Apfel, Lillian Williams, Jessica McClintock et Patrizia Anichini pour le linge présenté en couverture. Merci à Erena Bramos avec qui j'ai eu des conversations très constructives. Certains ouvrages m'ont inspirée, parmi lesquels The Philosophy of Bed, de Mary Eden et Richard Carrington, Sur le lit, d'Anthony Burgess, Beds de Reginald Reynolds, The Bed, de Cecil et Margery Gray et les nombreux travaux de Joseph Campbell.

Je remercie tout particulièrement les Publications Condé Nast, Alexander Libermann, tous mes amis de la revue Bride's, mon agent Malaga Baldi, Micaela Porta, Barbara Sturman, Kathy Rosenbloom, Leslie Stoker, Cornelia Guest, Julio Vega pour sa belle maquette et Jennie Mc Gregor Bernard, qui travailla sur mon texte avec beaucoup de discernement et de sensibilité.

L'affection et les encouragements de ma famille ont eu énormément d'importance pour moi : merci à Joane et Bernard Archer, à ma sœur Nola et à Stephen Klein, Ann et Morris Miller et Juliana Harkavy. J'adresse toute ma tendresse et ma gratitude à mon compagnon, Elliot Mayrock, pour sa générosité, son amour et sa patience.

Ce livre n'aurait pu être réalisé sans le concours de certaines personnes. Barbara Tober m'a toujours encouragée et c'est grâce à elle que j'ai pu travailler sur ce livre. Je remercie Lilo Raymond pour ses superbes photographies et son amitié et Thibault Jeanson, qui grâce à son regard et sa passion pour le sujet, a réussi à capter la beauté des lits du monde entier. Enfin, je remercie avec gratitude Michael et Berta Harkavy pour leur dévouement et leur implication dans ce projet. Leur soutien, leur talent, leur affection et leurs conseils m'ont aidée à faire en sorte que ce livre devienne réalité.

L'éditeur français remercie monsieur Jean-Jacques Dufour pour sa précieuse collaboration à l'adaptation française de cet ouvrage.

Index

Les chiffres en italique font référence aux pages des illustrations.

africain (lit), *178, 179*
Anet (château d'), *120*
Anichini, Patrizia, *238*
Ansouis (château d'), *129*
Apfel, Iris Barrel, *52, 53, 138-139, 244*
appuie-tête, *203*
armée (lit de l'), *74*

Balthus, *194-95*
Beaune (hospices de), *158-159*
berceau, 43-58, *44, 48, 49, 50-51, 53, 54, 55, 58, 59*
Betty Jane Bart, *211*
bois de lit, *198*
Bonaparte, Joséphine, *16*

camp (lit de), 213
caravane, 85
Castel Gardena, *24-25*
Céleste (lit), *172*
chaise longue, 87, 93
chambre d'amis, 129-153, *129, 131, 132-133, 138-139, 142-143, 144, 145, 206, 212, 233*
chambre d'enfants, 53-58
Charlemagne, 172
charpoy, 172
Châteaurenaud, *104, 121*
Chippendale, Thomas, 36
Christian, Howard, *3, 105, 112, 113, 245*
Christofle, *172, 176-77*
Cinalli, Ricardo, *7, 100-101, 114-5*
colonnes (lit à), *76-77, 97, 116*
Compiègne (château de), *12, 19, 30-31, 32, 216, 218-219, 252*
convalescence (lits de), *154, 155-168, 158-159*
cordes (lit de), *203*
couchette, 86
couette, 230, 237
  housse, 237
couverture, 227
Craigmyle, Lady Anthea, *116*

dais, 21-26, *26, 27, 218-219, 222*

dessus-de-lit, *230*
drap, 156-161, 222-226
  ancien, *102-103, 228-229, 237-240, 238, 239*
Dutton, Jan, *58, 108, 238*

Elstob, Eric, *114-115*
Empire (style), *128, 214-215, 225*
Eugène (prince de Suède), *132-133*

Feldman-Hagan, *105, 245*
Freud (divan de), *168*
futon, 171, *204-205*, 207

Garouste et Bonetti, *208*
Gomez, Mariette Himes, *62, 211*
Grange, Jacques, *141*, 87, *122-123*
gustavien (style), *213, 233*

Haga (pavillon), *202, 224*
Halard, François, *81, 214-215*
Halard, Yves et Michelle, *65, 104, 121*
hamac, *72*, 93, *213*
Haring, Keith, *45*
Hemslöjd, Mora, *132-133*
Heppelwhite, George, 36
Hole in the Wall Gang Camp, *162*
Homa, Robert, *204-205*
Hope, famille, *160, 161*
hôpital (lit d'), *154*, 161-168, *162, 163*
hôtel (lit d'), *136, 137*, 146-152, *146, 147, 148, 152*
Howell, Geoff, *124, 125, 174-175*

Jacob, Georges, *89*
Jacob Desmalter, *16, 30-31*, 33
James II, *34*
japonais (lit), 171 (voir aussi futon)
Jason, Debra, *105*
jumeaux (lits), 36, *62*, 135, *148, 150-151*
Jussy (château de), *28*

Kamp Kill Kare, *176*
Knole (château de), *34, 35*
Kogen, Pamela, *222*

La Païva (marquise de), *185*
Lauren, Ralph, *62*
Leeds (château de), *26*
letto di matrimonio, *208*
Levy, Ira Howard, *206*

Lismacloskey House, *50-51*
lit
  histoire, 20-36, 129-135, 197
  mythologie, 17-20
  sur mesure, 177-184
  différents types, 29, 33, 36
Louis II de Bavière, 172
Louis XIV, 29, 93
Louis XVI (style), *64, 68-69, 81, 89, 105, 106, 208, 227*

McClintock, Jessica, *2, 40-41, 87, 109, 210*
Madtson, Don et Lila, *76-77*
Maharadja (lit du), *172, 176*
Malmaison, 16, 33
Marcion, 32, *252*
Maresca, Frank, 87
mariage
  lit de, *208, 211, 244*
  coutumes, 221
matelas, 197-213, *60-61, 186-187, 196, 198, 199, 200-201, 202*
Mathieu, Paul, 87
Meursault (château de), *150-151*
Midler, Bette, *234-235*
miniature (lit), *10*, 184-189
Morozzi, Massimo, *173*
Mulford House, *48*
Murphy, Brian, *183*

Napoléon, 33, 75

Orient-Express, 86, 92, *153*

paille (lit de), *186-187, 196, 202*
Paquin, 64
Paramount (hôtel), *1, 146, 147, 231*
Pellé, Marie-Paule, *184*
Pitot (maison), *72, 112, 113*
pliant (lit), 177, *203, 213, 225*
Poitiers, Diane de, *120*
portable (lit), 84-93, *84, 85*, 213
porte-bébé, *52, 53*
Porthault
  chambre d'amis, *131, 145, 233*
  firme, *63, 131, 135, 145, 150-151, 217, 232, 233*
  Madeleine, *239*
Premier Empire (style), *19, 30-31*, 33
protège-matelas, 237
protège-sommier, 237
Pullman, wagon-lit, 86

quilt, 62, 107, 220, 230, 236

Raymond, Lilo, *188, 246-247*
Renaissance (style), 29, 73
repos (lit de), *68-69*, 71, 73, 74, 87, 93, *140, 164-165*, 245
Rey, Michael, 87
Riccardi, Russell, 78
Rigot, Gérard, *59*
rites de séduction, 104-108
rococo (style), *82-83*
Rossi, Pucci de, *189*

Saladino, John, *230*
Saporiti, 87
Savoy (hôtel), *136*
Scurry, Pamela, *193*
Severs, Dennis, *93*

Sheraton, Thomas, 36, 53
Siskin Valls, 88, *126-127*
Skansen, *22-23*, 37, 42, *90-91, 140, 203, 213*, 221, 223, 225
Slonem, Hunt, *110-111*
sommier, 171, 198, 203-207
Starck, Philippe, *1, 146, 147*
Stuart (style), *34, 35*
superposés (lits), 62, *66-67*

taie, 62, 225-227
tatami, 183
Tober, Barbara, 226

Ulster Folk and Transport Museum, *50-51*, 54, *81*

Valls, Peroucho, *128*

Valois, Catherine de, *26, 27*
Velay, Dominique, *81*
Verschooor, Gerd, *182, 183, 190-191*
Victoria, Freddie, *78*
Victoria, Susan et Tony, *4-5, 68-69, 71, 78*
victorien (style), 85, 207
Villa, Mario, *38, 86, 164-165, 166-167*
Vuitton, Louis, 84

Waites, Raymond, *39*, 107, 220
Walter, William, *3, 112, 113, 228-229*
Ware (lit de), 29
Weinhoff, Marla, *105*
Williams, Lillian, 106, 227

Zoffany, *142-143*
Zorn (maison), *132-133*, 212

Photographies :
Pages 2, 8 (milieu), 40-41, 43, 46-47, 52, 53, 55 (haut), 56-57, 58, 62 (haut), 87 (bas), 94-95, 108, 109, 155, 169, 174-175, 188, 192 (parue dans *Bride's*), 193, 200-201, 203 (bas), 207, 210, 213 (gauche), 236, 238 (photographie du bas parue dans *Bride's*), 240, 241, 242-243, 246-247 : © Lilo Raymond. Pages 14-15 : © Galen Rowell/Peter Arnold, Inc. Pages 24-25 : Alexandre Bailhache, avec l'autorisation de Giorgio Franchetti et Beatrice Monti et de *HG*, © 1990 Condé Nast Publications Inc. Page 28 : directeur artistique : M.P. Pellé ; photographe : Pascal Chevallier, Vogue Décoration et Deborah Webster. Page 44 : avec l'autorisation de Hal Bromm, New York. page 45 : © John M. Hall Photographs (parue dans *HG*). Pages 82-83 : Thibault Jeanson, avec l'autorisation de *HG*, © 1988 Condé Nast Publications Inc. Page 85 : © Fritz von der Schulenberg, avec l'autorisation de Mary Montagu. Pages 97, 137, 144 (droite) : © William Waldron (pages 97 et 144 (droite) : publiées dans *Bride's*). Pages 118-119, 149, 157 : Thibault Jeanson, avec l'autorisation de *HG*, © 1989 Condé Nast Publications Inc. Page 162 (haut) : © Robert Benson. Page 168 : Richard Davies, avec l'autorisation de *HG*, © 1987 Condé Nast Publications Inc. Page 170 : Oberto Gili, avec l'autorisation de *Bride's*, © 1985 Condé Nast Publications Inc. Page 173 : avec l'autorisation des Modern Age Galleries, New York. Page 176 : Richard J. Linke, avec l'autorisation de l'Adirondack Museum. Page 177 (gauche) : avec la permission de la NASA. Pages 178, 179 : extraites de *Tableaux d'Afrique*, photographies et texte de Margaret Courtney-Clarke, Arthaud. Pages 180-181 : © Clyde H. Smith/Peter Arnold, Inc. Page 183 : © Tim Street-Porter. Pages 194-195 : © Evelyn Hofer, parue dans *HG*. Page 198 (gauche) : Dorothea Lange/Bibliothèque du Congrès (LC-USF34-16456-E). Page 198 (droite) : Edouard Boubat/Agence Photographique TOP. Page 206 : Wolf Brackrock, avec l'autorisation de *Architektur und Wohnen*. Page 230 : © François Halard. Pages 234-235 : Tim Street-Porter, avec l'autorisation de Bette Midler et Harold Kipper, et de *HG*, © 1988 Condé Nast Publications Inc.

Les œuvres citées ci-dessous sont publiées grâce aux autorisation suivantes : Page 17 : *La Mort de Sardanapale*, Eugène Delacroix, Louvre © R.M.N. page 18 : *La Princesse et le petit pois*, Dulac, Robert Harding Picture Library/Rainbird/The Victoria and Albert Museum. Page 44 : *Le Berceau*, Berthe Morisot, Louvre, © R.M.N. Page 74 (haut) : *Madame Récamier*, Jacques-Louis David, Louvre © R.M.N. Page 98 : *Le Verrou*, Jean-Honoré Fragonard, Louvre, © R.M.N. Page 130 : *Le Lit*, Toulouse-Lautrec, Art Ressource (945 Q11). Page 156 : *La Malade*, Félix Vallotton, Lausanne, Collection Vallotton, Giraudon/Art Resource, NY (LAC 90089) © 1991 ARDS, NY/SPADEM. Page 172 : *Le lit du Maharadjah*, Christofle, G.M. Bowman and Assoc. Inc. page 177, *Bed*, © Robert Rauschenberg/VAGA New York 1991.